Hang Nguyen et al.

Klima-Katastrophe

Wahn oder Wirklichkeit?

Geht die Erde wirklich unter?

Und wenn ja, wann?

Hang Nguyen et al.

Klima-Katastrophe

Wahn oder Wirklichkeit?

Geht die Erde wirklich unter?

Und wenn ja, wann?

Diplomatic Council Publishing

1. Auflage 2022

Bibliografische Informationen der Deutschen Nationalbibliothek

Die Deutsche Nationalbibliothek verzeichnet diese Publikation in der Deutschen Nationalbibliografie; detaillierte bibliografische Daten sind im Internet über http://dnb.d-nb.de abrufbar.

Printed in the Federal Republic of Germany.

Gestaltung, Cover, Satz: IMS International Media Services, Wiesbaden

Gedruckt auf säurefreiem Papier.

Print ISBN: 978-3-947818-49-5

E-Book ISBN: 978-3-947818-50-1

Inhalt

Widmung

Dieses Buch ist William James Durant gewidmet. Mit seinem umfassenden Werk zur Menschheitsgeschichte hat er grundlegende Prinzipien zur Entwicklung der Zivilisation erarbeitet.

Die Zivilisation besteht aufgrund der Duldung der Geologie – fristlose Veränderung vorbehalten.

Will Durant

Philosoph und Schriftsteller (*The Story of Civilization*)

Prolog

Euer Bericht zeigt uns, wieviel
Nötig ist, die Welt zu verändern:
Zorn und Zähigkeit, Wissen und Empörung.
Schnelles Eingreifen, tiefes Bedenken
Kaltes Dulden, endloses Beharren
Begreifen des Einzelnen und Begreifen des Ganzen:
Nur belehrt von der Wirklichkeit, können wir
Die Wirklichkeit ändern.
(Abschlusschor in Berthold Brechts „Die Maßnahme“)

„Das Stück zeigt, dass es bei der revolutionären Tätigkeit Handlungen von solcher Schädlichkeit gibt, dass derjenige, der sie begeht, dem Proletariat eventuell nur noch durch Verschwinden helfen kann.“ (Hanns Eisler, Komponist, zur „zweiten Uraufführung“ von „Die Maßnahme“, nachdem das Stück erst von den Nationalsozialisten und dann von Berthold Brecht selbst verboten worden war).[1]

Das vorliegende Buch widmet sich der Frage, ob die Beherrschung der Erde durch die Menschheit am Ende zum Untergang der Menschheit führen kann, weil wir unsere natürlichen Lebensgrundlagen zerstören, oder ob es eine Rettung für uns gibt.

Vorwort

Wir haben in den letzten Jahrzehnten schon viele Alarmstufen erlebt – und als Gesellschaft alle davon überlebt. Erinnern wir uns an einige von ihnen: Kalter Krieg – Atomtod – Rinderwahn – Vogelgrippe – Waldsterben – Feinstaub – Eurokrise – demographische Katastrophe – Finanzkrise – Krieg der Kulturen – islamistischer Terror – Rechtsextremismus – Globalisierung – Migration – Digitalisierung – und natürlich Corona. Und während wir noch mit der Bewältigung einiger dieser Krisen beschäftigt sind, malen die Propheten des Untergangs längst die nächsten Horrorszenarien an die Wand: eine Klimakatastrophe unvorstellbaren Ausmaßes, die Überwältigung der Menschheit durch die Künstliche Intelligenz und der Dritte Weltkrieg durch das Aufeinanderprallen der beiden Supermächte China und USA oder auch das Aufbäumen Russlands stehen auf der Agenda der Zukunftsprognostiker.

Die Coronajahre 2020/21/22 haben verdeutlicht, dass diese Krisen überaus real sind. Der Kalte Krieg hat mindestens die halbe Menschheit bedroht, die Atomkraftwerksunglücke in Tschernobyl und Fukushima hätten so oder ähnlich überall passieren können, ein Bankenrun in der Finanzkrise hatte im Bereich des Möglichen gelegen, die Probleme der Migration nach Europa sind unübersehbar, der Terror hat zweifelsohne seit 9/11 eine neue Dimension angenommen und die Pandemie hat die ganze Welt mehrere Jahr lang in Geiselhaft genommen.

Aber keine dieser Katastrophen hat unsere Welt in den Abgrund gestürzt. An einige davon wie etwa das prognostizierte Waldsterben oder das damals scheinbar unaufhaltsame Aufreißen des Ozonlochs erinnern wir uns kaum noch.

Vor diesem Hintergrund ist es zu verstehen, wenn der Absolutheitsanspruch, mit dem die Klima-Katastrophen-Warner unsere Welt retten wollen, nicht überall nur Anklang findet, sondern ebenso auch auf Skepsis stößt. Ist es wirklich schon fünf vor Zwölf oder wie manche behaupten sogar bereits fünf nach Zwölf, um das Klima und damit die ganze Welt zu retten? Sind wirklich alle anderen Überlegungen der Klima- und damit der Weltenrettung unterzuordnen, um das Überleben der Menschheit zu sichern? Oder sind die Ängste möglicherweise übertrieben und ist es eher der menschlichen Hybris geschuldet, zu meinen, wir könnten das Klima in die eine oder andere Richtung beeinflussen?

Wie viele Themen der letzten Jahre ist auch „das Klima" eher eine „Glaubensfrage" geworden, ein politisches und gesellschaftliches Thema, bei dem es in vielen Diskussionen weniger auf die Faktenlagen anzukommen scheint als vielmehr auf die Haltung. Die Klimadebatte kommt einer Gesinnungsfrage näher als einer wissenschaftlichen Auseinandersetzung.

In diesem Buch geht es vor allem darum, die unterschiedlichen Argumente gegenüberzustellen – nüchtern und ohne Gesinnung, aber engagiert in der Sache. Bedenken wir: Wenn die Klimakatastrophe eintritt, könnten ihre Folgen um ein Vielfaches weitreichender sein als bei allen bisherigen Katastrophen zusammen. Die Coronakrise hat uns vor Augen geführt, wie schnell und wie umfassend uns – die Menschheit – ein globales Desaster überraschen kann. Zwar gab es schon Jahre vorher Mahner und Warner, die das Schreckensbild einer Pandemie an die Wand malten, aber seien wir ehrlich – die meisten von uns glaubten nicht daran. Wir hielten es für sehr unwahrscheinlich und völlig übertrieben. Das Argument der Skeptiker – vorangegangene Virusausbrüche wie Sars, Mers, die Vogel- und die Schweinegrippe hatten nur geringe Auswirkungen gezeigt – schien schlüssig. Dabei liefen nur wenige Jahre vor der Coronapandemie die Schreckensbilder der Ebolaausbrüche in Afrika über die Bildschirme. Doch Afrika schien damals weit weg – ebenso wie China, bevor der internationale Luftverkehr das Virus rasend schnell in die ganze Welt verbreitete. Wenn man einen Moment innehält, wird klar, dass wir mit Corona noch vergleichsweise glimpflich davon gekommen sind – stellen wir uns einmal vor, ein mit Ebola vergleichbares Virus hätte die Menschheit überfallen. So schrecklich die Coronasituation 2020/21/22 war, im Vergleich mit einem globalen Ebolaausbruch war Corona geradezu harmlos.

Zurück zum Klima: Niemand kann mit Gewissheit vorhersagen, welchen Wandel das Klima in den nächsten Jahren oder gar Jahrzehnten nehmen wird – von noch längeren Zeiträumen ganz zu schweigen. Jeder von uns weiß: Selbst der Wetterbericht für morgen ist nicht zuverlässig, der für nächste Woche weitgehend unberechenbar. Dennoch liegt es uns Menschen inne, uns Gedanken über die Zukunft zu machen, sie zu unseren Gunsten beeinflussen und Katastrophen abwenden zu wollen. Ebenso, wie wir einen Regenschirm mitnehmen, wenn es beim Verlassen des Hauses „nach Regen aussieht“, sollten wir uns auf eine wahrscheinliche oder auch nur vermeintliche Klimakatastrophe vorbereiten bzw. ihr entgegenwirken. Und ebenso wie bei der Coronakrise globales und nationales Handeln aufeinander prallten – der Kampf um die Verteilung der Impfstoffe stand beispielhaft dafür – ist auch beim Klimawandel ein ambivalentes Verhalten der Staatengemeinschaft zu erwarten. Einerseits geht es darum, die eigene Bevölkerung vor den Folgen zu schützen, andererseits ist beim Klima noch stärker als beim Virus klar, dass es nur gemeinsam gelingen kann, die Katastrophe zu verhindern oder jedenfalls zu lindern.

In diesem Sinne versteht sich das vorliegende Werk als Aufforderung zum Handeln. Gleichgültig, ob man zu denjenigen gehört, die fest davon ausgehen, dass der Klimawandel menschengemacht ist, oder eben nicht bzw. nur in geringem Maße, ist die Erhaltung unserer natürlichen Lebensgrundlagen ohne Zweifel für alle Menschen gut. Indes stellt das hier vorgelegte Buch ein Plädoyer für maßvolles Handeln – als Gegensatz zu maßlosem Agieren – dar. Es geht darum, soweit wie möglich entlang der Faktenlage zu handeln und nicht im blinden Eifer eine Glaubensfrage daraus zu machen. Es geht um Wissenschaft, um Vernunft, um rationales Vorgehen – und nicht um eine Gesinnung des dafür oder dagegen. Und es geht – das lässt sich weder abstreiten noch verhindern – auch um Politik und um gesellschaftliche Strömungen. Die Pandemie 2020/21/22 hat gezeigt, welchen Einfluss das politische Handeln und die Stimmung in der Zivilgesellschaft auf die Maßnahmen zur Eindämmung einer Katastrophe haben.

In diesem Sinne stellt das vorliegende Buch auch ein Plädoyer für den Frieden dar, für das friedliche Ringen um die besten Lösungen, um das Schicksal der Menschheit zum Positiven zu beeinflussen. Es ist zweifelsohne notwendig und richtig, um die besten Wege zur Erhaltung unserer natürlichen Ressourcen und unseres Klimas zu streiten. Aber es ist ebenso wichtig, bei dieser Kontroverse nicht nur die eigene Meinung als die „absolute Wahrheit" zu verkünden, sondern auch andere Ansichten gelten zu lassen, anderen Menschen zuzuhören und die Interessen anderer zu berücksichtigen. Seien wir ehrlich: Es ist viel einfacher, der eigenen Meinung zu glauben als auch nur in Erwägung zu ziehen, ein anderer könnte Recht haben und man selbst im Irrtum sein. Doch genau diese Bereitschaft benötigen wir, gepaart mit dem Willen, friedlich zu streiten, um die Klimakrise nicht zu einer Krise der Menschheit werden zu lassen.

Es bleibt die Hoffnung auf mehr Vernunft, mehr Einsicht und mehr internationale Zusammenarbeit bei der Bekämpfung der nächsten anstehenden Katastrophe.

Hang Nguyen et al.

An diesem Werk haben zahlreiche namhafte Mitglieder der UNO-Denkfabrik Diplomatic Council mitgewirkt, vornehmlich durch politische, wissenschaftliche und gesellschaftliche Ratschläge, Kommentare und Korrekturen. Das vorliegende Buch stellt in diesem Sinne ein Gemeinschaftswerk dar.

Planet des Wandels

Der Klimawandel als solches ist unbestritten. Die Streitfrage lautet vielmehr: Verursacht der Mensch diesen Wandel, kann der Mensch das Klima beeinflussen? Und wenn ja, in welchem Ausmaß und mit welchen Folgen?

Der Urknall

Tatsächlich hat sich die Erde schon immer massiv gewandelt – nicht erst seit Menschengedenken, sondern schon lange, bevor an den Menschen überhaupt zu denken war.[2] Seit dem Urknall des Weltalls, den die Wissenschaft auf etwa 13,8 Milliarden Jahre zurückdatiert, ändert sich die Welt.[3]

Bei der Entstehung der Erde vor rund 4,8 Milliarden Jahren war sie eine heiße Kugel aus glühendem geschmolzenem Gestein, umgeben von heißen, ätzenden und giftigen Gasen. Die Erde torkelte förmlich durchs All, weil der stabilisierende Mond noch fehlte. Die Oberfläche war kahl und extrem heiß, weil sie unter Dauerbeschuss vagabundierender Gesteinsbrocken stand, die beim Einschlag eine enorme Hitze freisetzten. Meere aus Lava entstanden, der ungehobelte Klotz nahm allmählich die Gestalt eines glühenden Balls an.[4]

Schwermetalle wie Eisen und Nickel wanderten in die Tiefe und bildeten den gewaltigen Erdkern. Die Erde rotierte damals wesentlich schneller als heute, erst im Laufe der Zeit wurde sie gebremst, vor allem durch den späteren Einfluss des Mondes.

Auf Kollisionskurs zur Erde

Rund 70 Millionen Jahre nachdem die Sonne zum ersten Mal aufleuchtete, kam es zu einer Kollision: Ein Himmelskörper mit der Masse des Mars raste auf Kollisionskurs auf die Erde zu. Er schlug mit etwa 36.000 Kilometer pro Stunde auf unseren Planeten.

Doch es war nur ein schräger Aufprall, den die Erde überstand. Allerdings wurden große Teile des Erdmantels weggerissen und ins All geschleudert, die zusammen mit Überresten des Einschlagkörpers eine Gesteinswolke bildeten, die um die Erde kreiste. Teile aus dieser Wolke verdichteten sich zu einem größeren Brocken, dem Mond, der seitdem von der Erdanziehung auf einer dauerhaften Umlaufbahn gehalten wird.

Ein Tag so lang wie ein Monat

Der Mond wird indes nicht nur von der Erde angezogen, sondern auch umgekehrt: Die Anziehungskraft des Mondes sorgt dafür, dass die Erdrotation allmählich abgebremst wird. Das führt dazu, dass die Tage alle 40.000 Jahre um eine Sekunde länger werden. In ferner Zukunft wird die Sonne nur noch einmal pro Mondperiode aufgehen, ein Tag also gut einen Monat lang dauern.[5]

Der Anfang des Untergangs

„Früher gab es auch schon heiße Jahre" lautet eines der Argumente derjenigen, die die These vertreten, dass sich das Klima zwar wandele, aber dass die Menschheit darauf keinen wesentlichen Einfluss habe.

Heiße Jahre der Vergangenheit

Gerne angeführt wird der Sommer des Jahres 1540, der deutlich heißer und trockener war als etwa 2018. Vor allem war die damalige Hitzewelle auffallend lang, nämlich von Ende Februar bis Anfang September. In Zürich etwa regnete es in dieser ganzen Zeit lediglich viermal; Mailand blieb fünf Monate lang völlig trocken.[6] Auch die Jahre 79 n. Chr. sowie 1387 und 1473 sind als extrem heiß und trocken bekannt. Es wird berichtet, dass in der viermonatigen Dürre von 1473 die Menschen zu Fuß durch das trockene Donaubett gelaufen sind. Von Industrialisierung, hohen CO2-Emissionen und ausufernder Viehwirtschaft konnte damals sicherlich nicht die Rede sein.

Seit 1900 waren insgesamt 24 extreme Sommer zu verzeichnen. Zwölf davon waren sehr heiß, zwölf auffallend kühl, wird weiterhin argumentiert.[7]

Der Wald stirbt seit 1981

Im Sommer des Jahres 1981 veröffentlichte das renommierte deutsche Nachrichtenmagazin *Der Spiegel* ein Titelbild, auf dem rauchende Fabrikschornsteine einen dürren, verkrüppelten Wald überragen. Seitdem war ein Begriff geprägt: Waldsterben – und die Ursache war ebenfalls ausgemacht: der saure Regen.

In einer dreiteiligen Serie ließ die *Spiegel*-Redaktion Forstexperten warnen: „In den Wäldern tickt eine Zeitbombe".[8] Ein großflächiges Tannen- und Fichtensterben wurde von vielzitierten Fachleuten als „erste Vorzeichen einer weltweiten Umweltkatastrophe von unvorstellbarem Ausmaß" gewertet. Auslöser des Untergangs der Wälder waren saure Niederschläge – Schwefeldioxid (SO2) – aus Ölheizungen, Auspufftöpfen und, vor allem, aus den Schloten von Kraftwerken, Erzhütten und Raffinerien. Nicht nur Flora und Fauna waren bedroht, sondern auch die menschliche Gesundheit. Detailliert legte der *Spiegel* Seite um Seite dar, welches Waldstück in welcher Gegend in welchem Umfang schon beschädigt war und welche fatalen Folgen sich daraus zwingend ergeben werden.

Das Wort „Waldsterben" machte international Karriere, als „le Waldsterben" in Frankreich und „The Waldsterben" im angelsächsischen Sprachraum.[9] Eingetroffen ist das prognostizierte Waldsterben nirgendwo, jedenfalls nicht in nennenswertem Umfang. Mehr als 35 Jahre später muss man feststellen: Die angesagte Katastrophe ist ausgeblieben.

Die Klimakatastrophe von 1986

Im Jahr 1986 zierte ein von Wassermassen umspielter Kölner Dom das Titelbild des deutschen Nachrichtenmagazins *Der Spiegel*. Darunter der Titel „Die Klima-Katastrophe“ und die Begründungen „Ozon-Loch.[10] Pol-Schmelze. Treibhaus-Effekt. Forscher warnen“. Der Spiegel war nicht allein. Beinahe alle großen Leitmedien, heute würde man sagen die Mainstream-Medien, waren sich einig: Die Polkappen werden schmelzen und zu einem Anstieg des Meeresspiegels um mehr als sieben Meter binnen 25 bis 30 Jahren führen. Wer rechnen kann, wird feststellen: Dieses Szenario müsste längst eingetreten sein. Wer also den heutigen Klimapropheten eine gehörige Portion Skepsis entgegenbringt, kann ohne weiteres auf Erfahrungen aus der Vergangenheit verweisen.

Kleine Eiszeit zwischen 1550 und 1750

Wenn man wissenschaftlichen Erkenntnissen glauben darf (und das tun die Autoren des vorliegenden Buches), lagen die Temperaturen in den Alpen etwa 3.000 Jahre vor Christus im Durchschnitt 2 Grad Celsius über dem heutigen Niveau. Nur durch diese 2 Grad wärmere Zeit war es den neolithischen Wanderern wie dem „Ötzi“ überhaupt möglich, die Berge zu überqueren. Erst etwa 850 vor Christus sanken die Temperaturen derart stark ab, dass die Alpen unüberwindbar wurden. Um Christi Geburt herum wurde es wieder wärmer. In den zentraleuropäischen Klöstern und Kirchen konnte man im Hochmittelalter nur deswegen ohne Heizung leben und dennoch nicht frieren, weil es warm genug geworden war. In England wurde sogar in großem Maßstab Wein angebaut. Doch dann kippte das Klima, wie schon häufiger in der Erdgeschichte: Es kam zur „kleinen Eiszeit“ zwischen 1550 und 1750. Die Themse in London fror ein, viele Ernten fielen aus. Möglicherweise trug dieser Klimawandel eine Mitschuld am Beginn des 30jährigen Krieges.[11]

Die Wetterveränderungen in Zentraleuropa stellen indes nur einen kleinen Ausschnitt aus den Unwägbarkeiten der Klimaveränderungen auf unserem Planeten dar. Soweit bekannt kam es mindestens viermal in der Urgeschichte zu ausgedehnten Wärmeperioden. So gab es beispielsweise vor etwa 400.000 Jahren eine globale Erwärmungsphase, die immerhin 30.000 Jahre anhielt.

In den letzten 3,5 Millionen Jahren taute die Antarktis mehrmals auf und wieder zu.[12] Der Kohlendioxidgehalt, ein Schlüsselindikator bei der heutigen Klimadiskussion, veränderte sich in früheren Zeiten heftig.

So soll er vor etwa einer halben Milliarde Jahren bei 28 Prozent der Atmosphärengase gelegen und danach in mehreren Kaskaden abgefallen sein. Der Sauerstoffanteil der Atmosphäre lag vor 300.000 Jahren bei etwa 30 Prozent, ging vor 200.000 Jahren auf 12 Prozent zurück und stieg dann langsam wieder auf 21 Prozent, wie wir sie heute erleben.[13]

Terraformer statt Normklima

Was lässt sich aus den oben grob skizzierten Veränderungen beim Klima in den letzten Jahrmillionen und Jahrtausenden ableiten? Ganz einfach: Es gab niemals ein „Normklima“, eine Art stabile Periode, ein Klima, bei dem „alles genau richtig“ war. Im Sommer scheint ständig die Sonne – aber es ist natürlich nicht zu heiß, sondern nur sagen wir 25 Grad Celsius, im Winter fällt Schnee – aber nicht zuviel, bestenfalls 35 Zentimer, es herrscht überwiegend blauer Himmel – aber natürlich regnet es auch regelmäßig, indes nur in mäßigen Schauern… Das ist ein Wunschwetter des Menschen, die Natur hat dieses dauerhafte „Normwetter“ niemals parat gehalten – jedenfalls nicht über einen längeren Zeitraum. Daher ist es unsinnig, heutzutage jede Abweichung von diesem „Normwetter“, jede Wetterkatastrophe, als vom Menschen verursachten Weltuntergang zu beklagen oder gar verhindern zu wollen. Dies darf allerdings nicht als Freibrief für menschlich unverantwortliches Handeln interpretiert werden. Der sogenannte Ruddiman-Effekt zeigt, dass der Mensch sehr wohl Einfluss auf das Klima nimmt – und zwar schon lange vor der Industrialisierung.

Im Jahre 2005 entdeckte der US-Klimaforscher William Ruddiman bei der Analyse langfristiger Klimamodelle eine Anomalie. Demnach hätte es vor zehntausend Jahren nach den astronomischen Zyklen, die das Klima prägen, eigentlich deutlich kälter werden müssen. Als Ursache für die Abweichung machte Ruddiman einen bislang unbeachteten Faktor aus: den Menschen. Schon in der Urgeschichte der Menschheit hatte diese mit den frühen Anfängen des Ackerbaus gewaltige Rodungen und Holzverbrennung vorgenommen, wodurch die Kohlendioxidwerte stiegen. Infolgedessen kam es nicht zu einer derart starken Abkühlung der Erde, wie es entlang der astronomischen Zyklen zu erwarten gewesen wäre.[14]

Der Mensch „formt" also das Klima auf unserem blauen Planeten zumindest in einem gewissen Ausmaß. Der Begriff des „Terraforming" ist erst vor einigen Jahren entstanden; er steht für eine heute noch utopische Technologie, mit der man ganze Planeten klimatisch umformen kann – beispielsweise den Mars, um ihn eines Tages zu besiedeln.[15] Tatsächlich betreibt die Menschheit längst Terraforming, allerdings ungewollt und unbewusst. Doch es lässt sich kaum leugnen, dass viele Landschaften auf der Erde ihr heutiges Aussehen menschlichem Handeln zu verdanken haben. So hat beispielsweise die Abholzung des Mittelmeergebietes erst das mediterrane Klima entstehen lassen, das viele von uns als besonders angenehm empfinden. Die von Menschen angelegten Reisterrassen in Asien gelten ebenfalls als „Terrorformer", weil das Mikroklima aufsteigender, regenreicher Winde hervorrufen – und das seit Jahrtausenden.

Doch die gravierendsten Veränderungen beim Klima hat nicht der Mensch verursacht, sondern „das Leben", zunächst vor allem die Pflanzenwelt. Die vor eineinhalb Milliarden Jahren entstandene Photosynthese brachte Sauerstoff in die Luft – eine Klimakatastrophe für die meisten anderen damaligen Lebensformen. In der sogenannten kambrischen Explosion vor etwa 541 Millionen Jahren entstanden im geologisch winzigen Zeitraum von 5 bis 10 Millionen Jahren so viele neue Tierstämme wie nie zuvor – gefolgt vom größten Artensterben aller Zeiten.[16] Rund 95 Prozent aller Arten wurden damals binnen kürzester Zeit vernichtet, doch die meisten mehrzelligen Tierstämme, die seitdem die Erde bevölkern, sind auf diese urzeitliche Epoche zurückzuführen. Das Leben hat überlebt und sich weiterentwickelt.[17] Der Glaube, jetzt, da der Mensch sich die Erde Untertan gemacht hat, müsse der Planet stillstehen, ist ein Irrglaube. Wenn man sich bewusst macht, dass wir auf der Erdkruste leben, die im Größenvergleich mit einem Pfirsich der Hautdicke der Frucht entspricht, und dieses Gebilde mit 30 Stundenkilometern um einen Feuerball mit knapp 700.000 Kilometern Durchmesser rast, der im Kern 15 Millionen Grad heiß ist, dann ist es ein Wunder, dass wir – die Menschheit – überhaupt so eine stabile Lebensgrundlage gefunden haben, wie wir sie heute erleben. Es ist verständlich, dass wir diese Stabilität erhalten wollen, aber die Gesamtbetrachtung macht deutlich, dass wir nur einen kleinen Teil dazu beitragen können. Diesen Teil sollten wir nutzen – und uns dennoch vor dem Irrglauben schützen, wir könnten die Erde langfristig genauso erhalten, wie sie heute ist.

Der unruhige Planet

„Anfang der fünfziger Jahre habe ich mich Ende Januar im Sportschwimmbad auf der Margareteninsel in Budapest stundenlang bei 20 Grad gesonnt. Einige Tage später war der Winter zurückgekommen. In alten Chroniken kann man nachlesen: Im Sommer 1304 trocknete der Rhein aus. 1624 blühten um die Weihnachtszeit in Hildesheim Rosen. 1718 regnete es von April bis Oktober nicht ein einziges Mal. Dennoch sprach kein Mensch von einer bedrohlichen Klimaverschiebung..."

So schrieb ein Leserbriefschreiber in der Zeitung „Die Welt" am 12. Februar 2002.[18] Es war zweifelsohne die einsame Stimme eines „Klimaleugners", aber eben auch ein Beispiel für einen kleinen Widerstand gegen einen beinahe übermächtigen Wahrnehmungskontext.

Es ist allgemeine Lebenserfahrung, dass sich das Klima nicht wirklich voraussagen lässt. Alle Rechenleistung unserer Megacomputer reicht nicht einmal aus, Sonne und Regen in Posemuckel in sieben Tagen vorherzusagen. Wie vermessen ist es angesichts dieser Unfähigkeit, Vorhersagen für das Weltklima in einem Jahr oder gar in zehn Jahren zu treffen. Doch wenn man nicht einmal vorherzusagen vermag, was passieren wird, wie vermessen ist es dann, Maßnahmen ergreifen zu wollen, um eben diese unbekannte Zukunft zu beeinflussen, zum Besseren versteht sich? Diese Vermessenheit ist wohl nur damit zu erklären, dass sich der Mensch nicht gerne in sein Schicksal ergibt, sondern es gestalten will, Schicksalsschläge abzuwenden versucht, für eine wie auch immer geartete bessere Zukunft für sich und seine Nachfahren kämpft.

Und so wollen wir auch den Klimawandel nicht einfach hinnehmen. Wir wehren uns vom Protest auf der Straße bis zur UNO. Viele Protestler sind getrieben von dem Glauben, „etwas tun zu müssen", um das vermeintlich beste Klima aller Zeiten, das heutige Klima – oder vielleicht das hundert Jahre zurückliegende Klima – zu konservieren, um Veränderungen entgegenzuwirken. Dieser Glaube ist wenig wissenschaftlich fundiert – welcher Glaube ist das schon? –, als vielmehr eine Frage der Haltung. Wie schon seit 2015 bei der Flüchtlingskrise und seit 2020 bei der Coronakrise kommt es augenscheinlich auch bei der Klimakatastrophe vor allem auf die Haltung an, wird uns suggeriert. In dieser Darstellung gibt es gute Menschen, die den Flüchtlingen helfen, die Coronaregeln des Staates befolgen und eben auch das Klima wie auch immer retten – und die anderen, die „Rechten", die „Coronaleugner" und die Klimaignoranten, die eben nicht begreifen wollen, was gut und richtig ist. Eigentlich dachten wir, mit der etwa um 1700 begonnenen Phase der Aufklärung das von Glauben und vor allem Aberglauben durchsetzte Mittelalter hinter uns gelassen zu haben. Die Neuzeit sollte vor allem auch ein Sieg der Wissenschaft sein. In der Technik ist das gelungen: Automobile und Smartphones sind Realitäten unseres Alltags, keine Glaubensfragen. Aber überall dort, wo die Wissenschaft keine anfassbaren Produkte vorzeigen kann, vom Virus bis zum Wetter, scheinen Meinungen wichtiger zu sein als Fakten, dort gilt die Haltung, die zeigt, ob man zu den Guten gehört – oder eben nicht.

Klimapolitik und Politikklima

Bei der Klimafrage – vom Menschen verursacht oder unveränderliches Naturereignis – geht es schon lange, manche sagen schon immer, nicht nur um Wissenschaft, sondern vor allem auch um Politik. Das gilt von der UNO über gesellschaftliche Bewegungen wie Fridays for Future bis in die Parteipolitik. Bereits im Oktober 2019 erreichte ein Antrag den Bundestag mit der Aufforderung, sämtliche Klimaschutzprogramme in Deutschland zu stoppen. Zur Begründung hieß es im Antrag, „dass sich das Klima immer schon und völlig unabhängig vom menschlichen Tun“ geändert habe. Der Bundestag sollte die Regierung auffordern, die Klimaschutzpolitik „vollständig zu revidieren“ und „alle diesbezüglichen Gesetze, Verordnungen und sonstigen Vorschriften“ zu beenden. Spätestens seit diesem Zeitpunkt hatte die Klimapolitik auch das Politikklima in Deutschland verändert.

Wer sich seitdem gegen den ausufernden Klimanotstand ausspricht und einzlene Klimaschutzmaßnahmen auch nur in Frage stellt, muss sich gefallen lassen, als „Klimaleugner“ zu gelten. Spätestens seit 2019 gilt eine Art „Denkverbot“ in Sachen Klimapolitik: Wer die Rolle des Menschen am Klimawandel auch nur anzweifelt, verlässt den Mainstream und wird in die politische Ecke gestellt. Nun kann es keinen Zweifel daran geben, dass die Industrialisierung zu massiven Umweltschäden geführt hat und weiterhin führt. Allein die Unmengen an Plastik in den Meeren sprechen eine deutliche Sprache – genau wie das Waldsterben in den 1970er Jahren tatsächlich zu beobachten war. Nur die Extrapolation, dass binnen weniger Jahre der Wald verschwindet, hat sich als Makulatur erwiesen. Daher ist die Frage, ob der Klimawandel tatsächlich binnen kurzem in die Katastrophe führt, ob die Erde umkippt und stirbt und mit ihr die Menschheit. Diese Frage zu diskutieren stellt keinen Ausdruck politischer Gesinnung dar, sondern diese Frage zu stellen und darüber zu debattieren gehört zu den Selbstverständlichkeiten in einer pluralistischen Gesellschaft.

Umsiedlung auf den Mars

Dabei ist es ebenso selbstverständlich, Fakten zur Kenntnis zu nehmen – und die sind erschreckend genug. Der Raubbau an unserer Natur ist unübersehbar.

Es ist möglicherweise kein Zufall, dass die Eroberung des Weltraums seit Anfang der 2020er Jahre wieder hoch im Kurs steht. So wurde das Unternehmen SpaceX eigens dazu gegründet, um in gar nicht so ferner Zukunft den Mars zu besiedeln.[19] Man mag das als Spinnerei abtun, aber mit Elon Musk steht hinter SpaceX immerhin der Unternehmer, dessen Elektroauto Tesla Roadster zunächst belächelt wurde und der heute längst als Anführer der globalen Elektromobilität gilt.

Könnte also die utopisch anmutende Vision, dass die Menschheit sich auf den Mars rettet, nachdem sie ihren Heimatplaneten Erde zerstört hat, eines Tages zur Realität werden? Das ist Spekulation und liegt ohnehin noch ein gutes Stück in der Zukunft. Bis dahin gilt es, die Erde zu retten.

Wie schlimm ist es wirklich?

2021 legte der Weltklimarat der Vereinten Nationen neue Zahlen zum Klimawandel vor, die eines verdeutlichten: Die Veränderungen sind unumkehrbar und sie stehen unmittelbar bevor. So hieß es: „Es ist sehr wahrscheinlich, dass Episoden mit Starkniederschlägen in den meisten Regionen mit einer weiteren Klimaerwärmung intensiver und häufiger werden. ... Es ist zweifelsfrei, dass der menschliche Einfluss die Atmosphäre, den Ozean und das Land aufgeheizt hat. ...Menschlicher Einfluss hat das Klima so aufgeheizt, wie es seit mindestens 2000 Jahren nicht mehr vorgekommen ist. ... 2019 war die CO2-Konzentration in der Atmosphäre höher als zu jedem anderen Zeitpunkt seit mindestens zwei Millionen Jahren."[20] Der Bericht hat durchaus eine hohe Glaubwürdigkeit, immerhin wurde er von rund 230 Forschenden aus 66 Ländern verfasst.

Die globalen Mitteltemperatur lag laut Bericht für den Zeitraum 2011 bis 2020 knapp 1,1 Grad über dem vorindustriellen Niveau (1850 bis 1900). Laut Pariser Klimaabkommen wollen die Staaten die Erderwärmung unter zwei Grad halten, möglichst bei 1,5 Grad. Die Schlussfolgerung: Wenn die Emissionen nicht schnell genug heruntergefahren und bis etwa 2050 bis 2070 null erreicht haben, werden die Staaten beide Pariser Klimaziele verfehlen.

Der Weltklimarat hielt es mit Stand 2021 auch für belegt, dass der Meeresspiegel weiter ansteigt und das Eis weiter schmilzt. Demnach sind in der Arktis heute schon Dreiviertel des Meereisvolumens im Sommer schon abgeschmolzen und es wird wohl nicht mehr zu verhindern sein, dass das Nordpolarmeer bis 2050 im Sommer zumindest in einzelnen Jahre weitgehend eisfrei sein wird.

Selbst, wenn es gelingen sollte, bis 2050 Klimaneutralität zu erreichen, dürfte den Berechnungen zufolge der Meeresspiegel Ende des Jahrhunderts um bis zu 62 Zentimeter höher sein als vor 2014. UNO-Generalsekretär Antonio Guterres rief 2021 die „Alarmstufe Rot“ aus und erklärte: „Die Glocken tönen ohrenbetäubend. Sie müssen das Ende von Kohle und anderen fossilen Brennstoffen einläuten, bevor diese unsere Erde zerstören.

Die Corona-Pandemie könnte ein Klacks sein gegen das, was der Menschheit bevorsteht, wenn die Erderwärmung weiter anhält, die Meeresspiegel steigen und die Artenvielfalt abnimmt. Vielleicht waren die Jahre 2020/21 als ein Warnschuss zu verstehen. Vieles deutet darauf hin, dass der Zusammenbruch unserer Umwelt nach einer Vorwarnphase ebenso disruptiv unser Leben verändern wird wie das Virus.[21] Der sicherste Weg in diese nächste Katastrophe besteht wohl darin, unser Leben nach der Pandemie einfach so weiterzuführen wie zuvor.

29 Grad für 3,5 Milliarden Menschen

Der Weltklimarat der UNO hat fünf Szenarien entworfen, darunter nur zwei, bei denen die Welt etwa 2050 Klimaneutralität erreicht und danach mehr CO2 speichert als ausstößt. Nur damit könnte der Anstieg der Mitteltemperatur Ende dieses Jahrhunderts bei 1,8 Grad oder darunter bleiben, heißt es.

Bei gleichbleibenden Emissionen bis 2050 würde die Temperatur Ende dieses Jahrhunderts um 2,1 bis 3,5 Grad über dem vorindustriellen Niveau liegen. In zwei weiteren Szenarien mit mindestens der Verdoppelung der CO2-Emissionen bis Mitte des Jahrhunderts wäre ein Anstieg der Temperatur um bis 5,7 Grad möglich.[22]

Expertenstudien berechnen für das Jahr 2070 eine Jahresdurchschnittstemperatur von etwa 29 Grad Celsius, von der rund 3,5 Milliarden Menschen betroffen wären, falls es nicht gelingt, den Ausstoß der Treibhausgabe zu mindern. Mit diesen Temperaturen befänden sie sich außerhalb der klimatischen Nische zwischen elf und 25 Grad, die der Mensch seit mindestens 6000 Jahren bewohnt. Die überheißen Gebiete lägen vor allem in Südamerika, Afrika, Indien, Südostasien und in Nordaustralien. Über die mit dieser Temperaturverteilung verbundenen Migrationswellen lässt sich nur spekulieren, doch man kann wohl davon ausgehen, dass sie gewaltig sein werden.[23]

Das Eis und der Permafrost schmelzen

So erwärmt sich beispielsweise die Arktis schon seit mehr als drei Jahrzehnten etwa doppelt so schnell wie alle anderen Erdregionen.[24] Das renommierte Wissenschaftsmagazin *Spektrum* nannte schon 2019 das Auftauen von immer mehr Permafrostböden „die Zeitbombe im hohen Norden."[25] Die Dauerfrostböden auf der Nordhalbkugel der Erde – also im Norden Sibiriens,

Kanadas, Alaskas und des Tibet-Plateaus – machen immerhin etwa ein Viertel der Landfläche der Erde aus. Rund die Hälfte Russlands befindet sich im Permafrost, etwa 3,5 bis vier Prozent der Schweizer Alpen ebenfalls. Eine Gefahr für das Klima besteht darin, dass durch den allmählichen Rückgang des Permafrosts die dort gespeicherten Kohlendioxidmengen freigesetzt werden – und diese sind gewaltig. In diesen Permafrostböden dürften zwischen 1100 und 1500 Milliarden Tonnen Kohlendioxid gespeichert sein, deutlich mehr als in der gesamten Atmosphäre der Erde, die rund 800 Milliarden Tonnen enthält.

Im Jahr 2020 meldeten Forscher, dass das Eis in der Arktis besonders stark zusammengeschrumpft sei. In der zweiten Septemberwoche 2020 sollen die Eisschollen nur noch eine Fläche von 3,8 Millionen Quadratkilometern bedeckt haben. Es war seit dem Ende des Sommers 2012 in über 40 Jahren das zweite Mal, dass diese Eisausdehnung unter 4 Millionen Quadratkilometern lag. Die Arktis erwärmt sich schon seit mehr als drei Jahrzehnten etwa doppelt so schnell wie alle anderen Erdregionen.[26]

Schon bis 2100 könnten die sich rasch erwärmenden Dauerfrostböden etwa 140 Milliarden Tonnen Kohlendioxid freisetzen und damit zur Erderwärmung beitragen. Als weitere Folgen gelten Überflutungen, Instabilitäten ganzer Landstriche und heute noch kaum abschätzbare Auswirkungen.

Wer 2022 einen ersten Blick auf diese düstere Zukunft werfen wollte, brauchte nur ins russische Jakutien zu reisen. Durch den tauenden Permafrost ist dort der Boden bereits eingebrochen, etliche Häuser sind abgesackt. Eine Siedlung in Usun-Kujöl ist schon unbewohnbar.[27] Zugegeben, die meisten von uns haben von diesem Ort noch nie gehört, und doch steht er exemplarisch dafür, wie der Klimawandel die Erde unbewohnbar macht – zunächst nur ein kleines Dorf, doch in Zukunft wahrscheinlich deutlich flächendeckender.

Ein erschreckendes Beispiel hierfür stellt bereits seit den 1960er Jahren der Batagaika-Krater mitten in der sibirischen Taiga dar. Der riesige Krater – er ist 1.500 Meter lang und fast 120 Meter tief –, den die Einheimische ehrfürchtig das „Tor zur Unterwelt“ nennen, vergrößert sich jedes Jahr um 10 bis 30 Meter, weil der einstige Permafrost rundherum allmählich auftaut. Wissenschaftler nehmen an, dass der gefrorene Boden zwischen 1300 und 1600 Gigatonnen Kohlenstoff enthält, die dadurch sukzessive freigesetzt werden. Zum Vergleich: Die gesamte Atmosphäre enthält derzeit rund 800 Gigatonnen Kohlenstoff.[28]

Indes gefährdet das Auftauen des Permafrosts nicht nur die Stabilität der Erdoberfläche und die CO2-Balance, sondern setzt auch Bakterien mit Krankheitserregern frei. An Kadavern, die das Eis wegen der steigenden Temperaturen freigibt, können Viren und Bakterien selbst Jahrhunderte überleben. Schon 2016 grassierte wie aus dem Nichts der Milzbranderreger, den Terroristen auch schon für Anschläge eingesetzt haben, auf der Jamal-Halbinsel im Nordosten Sibiriens; der Tod kam aus dem Permafrost. An anderen Stellen wurden bereits Anthrax-Sporen und Erreger der Spanischen Grippe an Leichenfunden ausgemacht, die von der Natur nach Jahrzehnten freigegeben wurden. Corona hat gezeigt, wie ein Virus unsere globale Gesellschaft an den Abgrund bringen kann – im Auftauen des Permafrosts steckt eine mindestens ebenso große Gefahr.[29]

Biokatastrophe voraus

Schon der 2019 vorgestellte „Global Assessment Report on Biodiversity and Ecosystem Services“ legte auf über 1.500 Seiten haargenau dar, wie die Erde auf eine Biokatastrophe zusteuert. Für das Werk hatten 145 Experten aus 50 Ländern Informationen aus rund 15.000 wissenschaftlichen und staatlichen Quellen zusammengetragen; 132 Staaten haben den Bericht offiziell zur Kenntnis genommen.[30] Die Erkenntnis: Die Menschen ruinieren ihre Lebensgrundlagen weltweit mit atemberaubender Geschwindigkeit. Die Meere sind zu zwei Dritteln verschmutzt oder überfischt, die Todeszonen ohne jedes Leben haben die Fläche Großbritanniens erreicht und breiten sich rapide weiter aus, während sich die städtischen Flächen binnen 25 Jahren verdoppelt haben – Beton statt Natur. Da kann es nicht überraschen, dass eine Million Arten vom Aussterben bedroht sind, deutlich mehr als ein Zehntel der rund 8,7 Millionen bekannten Arten.

Ohne Tiere verstummen tropische Wälder und Grasland wird zur Wüste, nahezu alle Lebensräume sind inzwischen betroffen. Der Report formulierte eine bittere Einsicht: Alle bisherigen Versuche, den Verlust an Vielfalt zu stoppen, sind gescheitert. Die mehr als 25 Jahre alte UNO-Konvention zur biologischen Vielfalt aus dem Jahre 1992 ist wirkungslos geblieben.[31] Am

Rande der UNO-Generaldebatte 2020 mussten die Vereinten Nationen eingestehen: Ausnahmslos alle zehn Jahre zuvor postulierten Ziele zum Artenschutz waren verfehlt worden.

Hälfte der Erdoberfläche bis 2050 isolieren

Das hinderte freilich den Weltbiodiversitätsrat nicht, ein neues Ziel auszurufen: Bis 2050 soll rund die Hälfte der Erdoberfläche in eine Art Sicherheitszone überführt werden, in der der Mensch die Natur in Ruhe lässt. 2020 verabschiedeten 60 Länder in der UNO ein so genanntes „Versprechen für die Natur". Dabei schienen sich die Unterzeichner der Schwäche „viele Worte, wenig Taten" durchaus bewusst zu sein.

Im entsprechenden UNO-Dokument hieß es nämlich ausdrücklich: „Indem wir dieses Versprechen für die Natur unterstützen, verpflichten wir uns nicht einfach nur zu Worten, sondern zu bedeutsamen Taten und gegenseitiger Rechenschaft, um die Krise des Planeten anzugehen".[32] Große Länder wie China, Brasilien und die USA schlossen sich der erneuten Initiative zur Rettung des Planeten erst gar nicht an. Bleibt also nur, 2050 zu überprüfen, ob dem guten Vorsatz tatsächlich Taten gefolgt sind.

Die Jahrhundertsommer 2018 und 2021

Das „wärmste Jahr" nannte der Deutsche Wetterdienst (DWD) das Jahr 2018. Über das ganze Jahr hinweg lag die Durchschnittstemperatur 2018 bei 10,4 Grad Celsius. Zum Vergleich: Der Durchschnitt über die Jahre 1961 bis 1990 hinweg lag bei 8,2 Grad Celsius. 2018 war das wärmste Jahr in Deutschland seit Beginn der Wetteraufzeichnung im Jahr 1881.

Der heiße Sommer 2018 galt vielen als Vorboten einer beginnenden Zeit der Dürre, als unleugbaren Indikator für die sich anbahnende Klimakatastrophe.

Doch es gab auch Gewinner. Dazu gehörten die Winzer und die Freunde guten Weines. Der Jahrhundertsommer brachte Jahrhundertweine hervor. Den Winzern bescherte 2018 nicht nur hervorragende Qualität, sondern auch rund 30 Prozent mehr Menge gegenüber dem Vorjahr. Das galt ähnlich auch für andere Obstsorten: Bei Kirschen gab es in Deutschland 2018 ein Ernteplus von 167 Prozent, bei Pflaumen und Zwetschgen von 153 Prozent.

Für den Tourismus in Deutschland war 2018 ebenfalls ein Traumjahr. Viele Menschen erfuhren, dass es auch in Deutschland „einen echten Sommer" gibt, um einen schönen Urlaub zu verleben, statt etwa in Südeuropa die Sonne zu suchen.

Doch es gab auch viele Leidtragende des heißen Sommers 2018. Dazu gehörte der deutsche Wald. Wegen der ausbleibenden Niederschläge konnten viele Nadelbäume nicht genügend Harz herstellen, um die Borkenkäfer abzuwehren. Die Folgen für den Wald waren verheerend, weil die daraus folgende Borkenkäferplage noch über Jahre hinweg dem Wald zu schaffen machen dürfte. Wer statt Obst Getreide anbaut, hatte 2018 ebenfalls zu leiden: Die Getreideernte hatte 2018 einen Rückgang um rund 20 Prozent zu verzeichnen.

Der heiße Sommer 2018 war kein Einzelfall. Acht der neun wärmsten Jahre in Deutschland liegen innerhalb des 21. Jahrhunderts. Der Klimawandel ist also nicht zu leugnen, allein die Zahlen für Deutschland zeigen eine klare Tendenz auf: Es wird immer wärmer. Bestes Beispiel: Generationen von Schülern lernten, dass die natürliche Weinbaugrenze in Europa am 50. Breitengrad liegt – also in Deutschland auf Höhe der Weinbauregion Rheingau. Doch seit Jahren wächst Wein auch am 55. Breitengrad, etwa auf der beliebten Urlaubsinsel Sylt. Der Jahrgang 2018 gilt auch dort als besonders geschmackvoll.

2021 wiederholte sich die Hitzewelle, wohl eher zufällig allerdings nicht in Deutschland, dafür aber in Südeuropa und Nordamerika. In Griechenland wurden tagsüber Temperaturen um die 44 Grad Celsius gemessen, nachts immer noch 30 Grad. Das war 2021 nicht neu: 1987 waren in Griechenland nach mehreren Tagen mit Werten über 40 Grad mehr als 4.000 Menschen ums Leben gekommen. 1977 waren in Athen und der rund 30 Kilometer westlich liegenden Stadt Elefsina sogar 48 Grad Celsius gemessen worden. Das war die bislang höchste in Europa gemessene Temperatur.[33] Allerdings gab es 1977 noch keine breite gesellschaftliche Klimadiskussion und keine Schuldzuweisung an die Menschen, sondern man nahm es als Schicksal der Natur hin.

2021 forderten die Behörden die Bewohner Athens auf: „Schließen Sie alle Fenster und gehen Sie nicht aus dem Haus“.

Durch die Hitze ausgelöste großflächige Waldbrände hatten sich bis in die Vororte der griechischen Hauptstadt durchgefressen; eine ganze Reihe von Ortschaften mussten evakuiert werden. Über der Metropole loderten nächtelang die Flammen. Tausende von Menschen mussten mit Fähren in Sicherheit gebracht werden. Griechenland blieb 2021 nicht alleine in der Hitzewelle und dadurch verursachten großflächigen Waldbränden. Auch in Sizilien, der Türkei und Russland loderten über Wochen hin weg unkontrollierte Brände.[34] In Kanada wurden sogar 49,5 Grad Celsius gemessen, beinahe 50 Grad, die höchste Temperatur in der Geschichte des Landes.[35]

Bei 42,3 Grad Celsius wird unser Körper zu Rührei

Es stellt sich die Frage, wie lange ein Mensch es in brütender Hitze überhaupt aushalten kann? Dazu ein Beispiel: In einem geparkten Auto kann im Sommer die Temperatur binnen weniger Minuten bis auf 60 Grad ansteigen. Bei solchen Bedingungen dauert es fünf bis acht Minuten, bis die Kernkörpertemperatur beginnt, hochzugehen. Steigt die Temperatur des Körpers bis auf 41 Grad, wird es lebensgefährlich. Es droht unter anderem ein Hitzeschlag, der tödlich enden kann.[36] Schneller Puls, tiefer Blutdruck, Krämpfe, Halluzinationen und Bewusstseinstrübungen sowie trockene, heiße Haut stellen typische Anzeichen für einen Hitzeschlag dar.[37] Die maximale Körpertemperatur, die ein Mensch überleben kann, liegt bei 42,3 Grad Celsius. Bei höheren Temperaturen werden Proteine denaturiert und das Gehirn irreparabel geschädigt. Um es plastisch auszudrücken: Bei über 42,3 Grad wird das Eiweiß in uns Menschen zu Rührei, wir werden innerlich gekocht.[38]

Wenn es noch eines Beweises bedurft hätte, dass die Klimakatastrophe kurz bevorsteht, dann schien es der Sommer 2021 gewesen zu sein. Die vergangenen sieben Jahre waren deutlich wärmer als alle Jahre zuvor seit Beginn der Aufzeichnungen, stellte die UNO-Wetterorganisation WMO auf dem Weltklimagipfel im Herbst 2021 fest. Sie musste allerdings einräumen: 2021 war kühler als 2020.[39]

Deutschland wappnet sich gegen Hitze und Dürre

Die deutsche Bundesregierung begann 2020, Deutschland gegen Hitze- und Dürreperioden zu wappnen. Die Gründe dafür lagen zwei Jahre zurück: Das extreme Niedrigwasser in deutschen Flüssen hatte 2018 gravierende wirtschaftliche Auswirkungen. Betroffen war nicht etwa nur die Landwirtschaft, sondern vielerorts geriet die industrielle Fertigung in Stocken, weil Lieferungen ausblieben. Daher wurde die Bundesanstalt für Gewässerkunde (BfG) zu einem „Nationalen Niederwasser-Informationssystem“ ausgebaut. Seit 2021 wird eine „interaktive Daten- und Analyse-Internetplattform“ entwickelt und dem Betrieb zugeführt. Denn das Bonner Bundesamt für Bevölkerungsschutz und Katastrophenhilfe (BKK) hält extreme Hitze- und Dürreszenarien in Zukunft für möglich. „Die realen Erfahrungen des Jahres 2018 bestätigen, dass eine Dürre ein durchaus realistisches Ereignis für Deutschland ist“, hieß es in einem Bericht der Behörde aus dem Jahr 2019. Und weiter: „Gleichzeitig ist es vor dem Hintergrund des Klimawandels denkbar, dass Dürrereignisse in den nächsten Jahren und Jahrzehnten eine möglicherweise häufiger vorkommende Herausforderung für Deutschland darstellen könnten."[40]

Dem Hitzesommer 2018 stand indes das Kältefrühjahr 2021 entgegen. So lagen die Temperaturen im Mai 2021 mit 6,1 Grad um 1,3 Grad unter den Werten der international gültigen Referenzperiode 1961 bis 1990. Im Vergleich zur wärmeren Vergleichsperiode 1991 bis 2020 betrug die Abweichung sogar minus 2,9 Grad. Der Frühling 2021 war eines der kältesten Frühjahre seit über 20 Jahren.[41] Es war ein Beispiel für das Auf und Ab des Wetters, das der These, die Erde würde mehr oder minder geradlinig auf eine permanente Erwärmung zusteuern, entgegenstand – bis im Sommer 2021 die Hitzewelle mit bis zu 49,5 Grad erbarmungslos zuschlug (allerdings nicht in Deutschland, sondern in Kanada).[42]

Die Hitzewelle 2021 wurde von einer Flutkatastrophe begleitet. Schwere Sturzfluten und Überschwemmungen ließen Teile Belgiens, der Niederlande, Österreichs, der Schweiz und auch Deutschlands beinahe untergehen.[43] Ganze Ortschaften wurden weggespült, über 200.000 Menschen waren teilweise über Tage hinweg ohne Strom, bei vielen technischen Infrastrukturen würde es Monate und zum Teil sogar Jahre dauern, um sie wiederaufzubauen. Binnen 24 Stunden fielen mancherorts mehr als 150 Liter Regen pro Quadratmeter. Ein solches Ereignis tritt höchsten alle 100 Jahre auf, möglicherweise sogar nur alle 1000 Jahren, befand der Deutsche Wetterdienst.[44]

Die Vorboten und Vorbereitungen auf die Auswirkungen der Klimakrise sind auch darauf zurückzuführen, dass allen Berechnungen zufolge die Bundesrepublik Deutschland ihre für 2030 angekündigten Klimaziele – unter anderem eine Reduzierung der Emissionen um 65 Prozent – deutlich verfehlen wird. Die Stand 2022 beschlossenen Klimaschutzmaßnahmen sorgen verglichen mit 1990 für eine Minderung der Treibhausgasemissionen um 49 Prozent bis 2030 und um 67 Prozent bis 2040, haben Berechnungen mehrerer Forschungsinstitute im Auftrag des Bundesumweltministeriums herausgefunden. Laut Klimaschutzgesetz sollte die Reduzierung aber 65 Prozent bis 2030 und 88 Prozent bis 2040 betragen.[45]

Der Mond taumelt, die Erde wird überschwemmt

„Feuer und Wasser werden die Menschheit hinwegfegen, wenn sie sich nicht rasch besinnt und weltweit endlich die Maßnahmen ergreift, um den CO2-Ausstoß zu verringern und die Erderwärmung zu stoppen" – so lässt sich wohl die politische Schlussfolgerung vieler „Klimakämpfer" aus den Waldbränden und Überflutungen des Jahres 2021 zusammenfassen. Indes brachten im gleichen Jahr Wissenschaftler der NASA eine ganz andere Ursache vor allem für Überschwemmungen gigantischen Ausmaßes, die auf uns zukommen werden, ins Spiel: die sogenannte Liberation, eine Taumelbewegung des Mondes.[46] Mit seiner Anziehungskraft sorgt der Mond auf der Erde für Ebbe und Flut, das war keine neue Erkenntnis. Seit 1728 ist zudem bekannt, dass der Mond „eiert", im Fachjargon heißt das „taumelt". Diese Taumelbewegung vollzieht sich in einem Zyklus, der 18,6 Jahre dauert und danach von vorne beginnt. Während der Hälfte dieses Zyklus sind die täglichen Gezeiten milder: Die Flut ist niedriger als gewöhnlich, Ebbe höher als normal. In der zweiten Hälfte des Zyklus fallen die Gezeiten dafür stärker aus. Die Flut wird höher, Ebbe niedriger als normal. In die 2030er Jahre fällt diese zweite Phase der stärkeren Fluten, warnten die NASA-Wissenschaftler 2021. Fällt sie zusammen mit einem steigenden Meeresspiegel aufgrund der Erderwärmung, verstärken sich beide Effekte und die Küstenregionen könnten Überschwemmungen heute noch unvorstellbaren Ausmaßes ausgesetzt sein, befürchtet die NASA.[47] Bis 2050 soll die Libration im Schnitt an 25 bis 75 Tagen im Jahr zu Überflutungen führen. Unter anderem heißt es dazu: „Es ist der akkumulierte Effekt über die Zeit, der eine Auswirkung haben wird. Wenn es 10 oder 15 Mal im Monat zu Hochwassern kommt, kann ein Geschäft nicht weiterarbeiten, wenn sein Parkplatz unter Wasser steht. Menschen verlieren ihre Arbeit, weil sie nicht zur Arbeit kommen können. Durchsickernde Senkgruben werden zu einem Problem für die öffentliche Gesundheit."[48]

Der renommierte US-Geologe und Paläontologe Peter D. Ward formuliert deutlicher: „Der Anstieg des Meeresspiegels ist das Gefährlichste, was der menschlichen Zivilisation zustoßen kann. Das Meer wird uns vieles nehmen: Nahrung, Arbeitsplätze, Straßen, Wohnraum – und einen Großteil der Artenvielfalt auf unserem Planeten."[49]

Das Beispiel – der taumelnde Mond einerseits und der steigende Meeresspiegel aufgrund der Erderwärmung andererseits – zeigt übrigens deutlich, dass Antwort auf die Frage nach der

Schuld an der herannahenden Klimakatastrophen kein entweder-oder ist, der Mensch oder die Natur, sondern beides. Das Taumeln des Mondes ist nichts neues und vom Menschen auch nicht beeinflussbar – aber die rasche Erderwärmung schon. Die mutmaßliche Katastrophe wird ausgelöst, wenn beides zusammenfällt. Die Argumentation, das Wetter habe sich schon immer geändert und der Einfluss der Menschheit auf das Klima sei gering, mag zwar ein Körnchen Wahrheit in sich tragen, aber wenn dieser auch nur geringe Einfluss in Kombination mit vom Menschen nicht beeinflussbaren Veränderungen gravierende Auswirkungen auf den Zustand und die Bewohnbarkeit des Planeten hat, dann geht sie letztendlich ins Leere.

Die Vermüllung unserer Erde

Freilich geht es nicht nur um „Feuer und Wasser", um Hitze und Überschwemmungen, das Artensterben und die Emissionen, die uns die Luft zum Atmen nehmen. Sicherlich ebenso gravierend ist der Kampf gegen die Vermüllung unserer Erde mit Plastik. Wir nehmen mit unserer Nahrung jede Woche ungefähr so viel Plastik in uns auf wie in einer Kreditkarte steckt. Diesen erschreckenden Vergleich zog eine WWF-Studie, nach der wir durchschnittlich bis zu 2.000 kleine Plastikteilchen, das sind etwa fünf Gramm Mikroplastik, in der Woche verspeisen. Und es wird immer mehr. Seit dem Jahr 2000 ist soviel Plastik produziert worden wie in allen Jahren zuvor. Etwa ein Drittel davon gelangt unkontrolliert in die Umwelt. Von dort erreicht das Plastik vor allem über Leitungswasser und Trinkwasser aus Flaschen den menschlichen Organismus. Dabei gibt es gravierende regionale Unterschiede: So ist beispielsweise in den USA und in Indien nachweisbar mehr Plastik in der Nahrung als in Europa. Ein Grund zum Ausruhen im Kampf gegen die Verplastikung unserer Umwelt dürfte dies aber auch für Europa nicht sein.[50]

Verplastikung der Welt

Die Vermüllung der Welt mit Plastik gehört schon lange zu den größten Umweltsünden der Menschheit. Vor allem die Meere, die etwa 70 Prozent der Erdoberfläche bedecken, haben sich zu schwimmenden Müllkippen entwickelt. Nach Angaben der internationalen Naturschutzorganisation World Wide Fund for Nature (WWF) schwimmen in jedem Quadratkilometer der Meere hunderttausende Teile Plastikmüll. Seevögel verenden qualvoll an Handyteilen in ihrem Magen, Schildkröten halten Plastiktüten für Quallen und viele Fische verwechseln winzige Plastikteilchen mit Plankton. Das von den Fischen aufgenommene Mikroplastik gelangt in die menschliche Nahrungskette und wir essen unseren eigenen Plastikabfall in Kleinstform – mit derzeit noch unabsehbaren Folgen.[51]

Das alles stellte keine Neuheit mehr da, als sich die Staatenvertreter auf der vierten UNO Environment Assembly vom 11. bis 15. März 2019 in Nairobi (Kenia) trafen.[52] Das Ergebnis der einwöchigen Debatte lässt sich mit einem Wort zusammenfassen: nichts. Eine Konvention durfte man ohnehin nicht erwarten, aber es kam nicht einmal zum Einstieg in Verhandlungen dazu. Immerhin gelang es den Vereinten Nationen, als

Vorbereitung auf die erfolglose 2019er-Konferenz das Ausmaß der Katastrophe mit Daten aus dem Jahr 2015 in Zahlen zu fassen – und die lassen erschaudern.

Ein Großteil des Plastikmülls in den Ozeanen gelangt über Flüsse in die Meere, hat die Ocean Cleanup Foundation in einer Nature-Studie festgestellt. Der größte Dreckfluss ist demnach der Jangtse – der längste Fluss Chinas –, der im Jahr 2015 rund 333.000 Tonnen Plastik in die Ozeane spülte. Auf dem zweiten Rang folgte der indische Ganges mit mehr als 115.000 Tonnen. Laut Ocean Cleanup Foundation stammte 2015 etwa 86 Prozent des Plastiks, das über Flüsse in die Ozeane gelangt, aus Asien – vor allem aus China. Zum Vergleich: Die Flüsse in Afrika trugen knapp acht Prozent zur Verschmutzung der Weltmeere mit Kunststoff bei, europäische lediglich 0,28 Prozent.[53]

Es mag also das Gewissen der Bevölkerung beruhigen, wenn in der Europäischen Union seit 2019 Einmalgeschirr, Strohhalme, Wattestäbchen und andere Wegwerfartikel aus Plastik verboten sind, für die Umwelt ist es gleichgültig.[54] In Europa und übrigens auch in den USA – dem Land, das häufig als „Inkarnation der Plastikwegwerfgesellschaft“ gebrandmarkt wird – stellt Plastik kein ernsthaftes Problem für die Umwelt dar. Lediglich 0,5 Prozent des Kunststoffabfalls, der die Umwelt belastet, soll im Jahr 2025 aus den USA kommen.[55] Das hat einen einfachen Grund: Die USA verfügen ebenso wie Europa über ein einigermaßen gut funktionierendes Abfallmanagement. Die wahren Plastikdreckschleudern sind demnach überwiegend in Asien mit China (28 Prozent), Indonesien (11 Prozent), den Philippinen (7 Prozent), Vietnam (6 Prozent) und Indien (4 Prozent) sowie in Afrika mit Nigeria (4 Prozent) zu finden.[56]

Besonders verheerend bei der Plastikvermüllung der Welt: das Zeug hält ewig, oder jedenfalls sehr lange. Berechnungen gehen davon aus, dass eine einzelne PET-Flasche etwa 450 Jahre braucht, um zu verrotten. Langzeitstudien gibt es natürlich noch nicht, schließlich ist Plastik eine relativ neue Erfindung und hat sich erst seit dem Zweiten Weltkrieg im großen Stil verbreitet.

Im Jahr 2015 wurden weltweit rund 381 Millionen Tonnen Plastik produziert, beinahe 50 Mal so viel wie 60 Jahre zuvor.[57] Je nach Quelle sollen zwischen vier und 13 Millionen Tonnen davon in die Meere gelangen; der Rest wird verbrannt oder auf Deponien gehortet. Lediglich neun Prozent des bisher produzierten Kunststoffabfalls wurde recycelt, schätzt die UNO. Mehr als 140 Millionen Tonnen Plastikmüll treiben inzwischen in fünf riesigen Strudeln durch die Weltmeere.[58]

Das alles stellte die UNO-Umweltkonferenz im März 2019 im kenianischen Nairobi fest. Außer Absichtserklärungen kam es allerdings zu keinerlei verbindlichen Verpflichtungen. Ist es zynisch, wenn man sagt: Die nächsten Umweltkonferenzen der UNO in den 2020er und 2030er Jahren wollen ja auch noch etwas zu tun haben. Die Pausenjahre 2020/21, in denen wegen der grassierenden Corona-Pandemie beinahe keine UNO-Konferenzen stattfanden, haben den Konferenzmarathon der Vereinten Nationen kurz unterbrochen, aber mit Sicherheit nicht gestoppt.

Was sind die Ursachen?

Es gibt sicherlich viele Ursachen dafür, dass die Umwelt- und Klimakatastrophe auf uns zukommt. Die Diskussion, welche davon einen besonders hohen Anteil tragen, welche davon eventuell irrtümlicherweise benannt werden und vor allem, welche davon menschengemacht sind, ist seit vielen Jahren im Gange.

Wissenschaftlich, politisch und gesellschaftlich

Es ist eine Diskussion, die nicht nur wissenschaftlich, sondern auch politisch und gesellschaftlich geführt wird. Es ist zugleich eine in weiten Strecken äußerst emotionale Debatte, in der die Verteidigung tradierter Werte („das haben wir schon immer so gemacht“) und Angst vor der Zukunft („das Ende der Welt naht“) aufeinanderprallen. Diese Auseinandersetzung war in den letzten Jahren besonders anschaulich im Automobilsektor zu beobachten. Während die eine Seite lange Zeit dem Versprechen der Autohersteller glaubte, dass Dieselfahrzeuge besonders sauber und umweltschonend unterwegs sind, stufte die andere Seite den Verbrennungsmotor vom Benziner bis zum Diesel als „Dreckschleuder auf Rädern“ ein. Die Heftigkeit der Debatte ums Auto hatte mehrere Ursachen. Erstens ist das Auto für viele Menschen eine äußerst emotionale Sache. Zweitens ging es dabei nicht „allgemein um die Umwelt“, sondern ganz konkret um die eigenen Lebensverhältnisse. Drittens bringen die mit dem Umweltschutz verbundenen Maßnahmen, insbesondere Fahrverbote, und sei es nur in einzelnen Zonen, unmittelbare Einschränkungen mit sich. Viertens hängen an der Autoindustrie in Deutschland Hunderttausende von Arbeitsplätzen. Fünftens schien die Umweltverträglichkeit der neuen Alternative, nämlich Elektroautos, über lange Zeit hinweg keineswegs gesichert: Die E-Autos verursachen zwar keine Abgase auf deutschen Straßen, aber die Frage, ob die Wagen über ihre gesamte Lebensdauer hinweg von der Produktion bis zur Entsorgung der Batterien tatsächlich umweltfreundlicher sind als Benziner oder Diesel, war lange Zeit umstritten. Sechstens ist der Kauf eines Autos für viele Menschen eine größere Anschaffung; der Wertverlust kommt geradezu einer Enteignung gleich, wenn der Wagen wenige Jahre nach dem Kauf wegen Fahrverboten nicht mehr oder jedenfalls nicht mehr überall gefahren werden darf. Siebtens stellen die Betrügereien der Automobilhersteller bei den Abgaswerten der Verbrennungsmotoren einen der größten Industrieskandale der Bundesrepublik Deutschland dar – völlig losgelöst davon, wie man dem Thema persönlich gegenübersteht.

Aus allen diesen Gründen wird das Automobil in diesem Buch an einigen Stellen exemplarisch herangezogen, wenn es darum geht, welche konkreten Auswirkungen die Rettung von Umwelt und Klima auf unseren Alltag hat. Es geht nicht nur darum, dass andere etwas tun, am einfachsten „die da oben", sondern Umwelt- und Klimaschutz berührt die persönliche Lebensweise vieler Menschen – heute, um die Erde zu retten, künftig, falls das nicht gelingt, beim Kampf der Menschheit ums nackte Überleben.

Doch bevor das Dieseldesaster in einem eigenen Kapitel ausführlich dargestellt wird, seien nachfolgend zunächst weitere wesentliche und teilweise auch kuriose Ursachen für die herannahende Klimakatastrophe dargestellt. Letztlich gibt es nicht *den einen* Faktor, sondern eine breite Palette von Faktoren, die zur Verschmutzung unseres Planeten beitragen und ihn möglicherweise in Zukunft „unbrauchbar“ machen.

Das Klima auf See

Mit ehrgeizigen Zielen geizt die UNO selten. Der Klimaschutz bei Frachtschiffen stellt ein besonders typisches Beispiel dar. Die internationale Schifffahrt steuert 2,2 Prozent zum Kohlenstoffdioxidausstoß weltweit bei. Das UNO-Ziel: Bis 2050 sollen die CO2-Emissionen des Hochseehandels halbiert werden, verglichen mit dem Stand im Jahr 2008.

Wissenschaftler des University Colleges London haben ausgerechnet, dass hierzu Investitionen in Höhe von mindestens 1000 Milliarden Dollar notwendig wären, das meiste davon für die Entwicklung emissionsärmerer Antriebe und Treibstoffe. Doch darüber, wie das extrem ehrgeizige Ziel erreicht werde könnte, lässt die International Maritime Organization (IMO), die dafür zuständige UNO-Unterorganisation, kein einziges Wort verlauten.[59]

Indes will die Wirtschaft für Abhilfe sorgen, allen voran Möller-Maersk, die größte Containerschiff-Reederei der Welt. 2021 bestellte die dänische Container-Carrier acht Riesenfrachter mit Methanolantrieb. Einsatzbereit sollen die grünen Containerschiffe ab 2024 sein. Sie haben ein Fassungsvermögen von jeweils rund 16.000 Standardcontainern (TEU) und sollen den CO2-Emissionen der Reederei um jährlich eine Million Tonnen reduzieren. 2020 lag der Ausstoß der Maersk-Flotte bei insgesamt 33 Millionen Tonnen.[60]

Umweltkiller Mode

Einmal im Jahr, alle halben Jahre, monatlich – die Modebranche hat auf einen immer schnelleren Trendwechsel gesetzt, um das Geschäft anzukurbeln. Was früher lediglich als Gewinnmaximierung kritisiert wurde, gewinnt im Zeitalter der Klimakrise eine völlig neue Bedeutung – als Klimakiller. Die Bekleidungsindustrie hat nämlich verheerende Auswirkungen auf die Umwelt. Giftige Chemikalien, die bei der Herstellung von Bekleidung freigesetzt werden, verschmutzen Wasserwege, auf die Millionen von Menschen vor Ort angewiesen sind. Allein die Baumwollproduktion saugt Unmengen von Wasser ab. Zu den schlimmsten Beispielen gehört der zentralasiatische Aralsee, einst das viertgrößte Süßwassergebiet der Erde, heute überwiegend eine Wüste.[61] Angesichts dieser Entwicklung bekommt der Begriff „schmutzige Wäsche“ eine völlig neue Bedeutung.

Digitalisierung – Fluch und Segen

Die Digitalisierung mag in vielerlei Hinsicht als Fluch und Segen zugleich eingestuft werden. Das gilt auch für die Klimakrise. Die Klimaneutralität der EU bis 2050 ist einerseits zweifelsohne nur mit moderner Digitaltechnik zu erreichen. Doch andererseits verschlingt sie enorm viel Energie.

Beispielhaft für die Diskrepanz stehen Streamingdienste wie YouTube und Netflix, deren Geschäftsmodell darin besteht, einen permanenten Datenstrom zu generieren, um ihre Zuschauer zu unterhalten. Damit sowie durch Videokonferenzen werden Schätzungen zufolge inzwischen weltweit mehr als 200 Milliarden Kilowattstunden Strom verbraucht. Allein dadurch verbrauchen die digitalen Dienste mehr Energie als alle Privathaushalte etwa in Deutschland zusammen.

Forscher aus Großbritannien haben 2021 eine Studie veröffentlicht, nach der Computer und Internet etwa zwei bis vier Prozent des weltweiten CO2-Ausstoßes verursachen. Das ist mehr als etwa der gesamte Flugverkehr.[62] Die Wissenschaftler gehen davon aus, dass der ökologische Fußabdruck der Informationstechnologie weiter ansteigen wird – eine sichere Prognose angesichts der um sich greifenden Digitalisierung aller Lebensbereiche.[63]

Generation Smartphone

Die Generation der Umweltaktivisten, die unter anderem das Auto mit Verbrennungsmotor als einen der größten Feinde der Umwelt ausgemacht hat, möchte ungern auf *den* Klimakiller verzichten, der ihren Alltag bestimmt: das Smartphone. Mit weltweit rund 3 Milliarden (!) Smartphones gehören diese Geräte zweifelsohne in jede Betrachtung über menschengemachte Klimaveränderungen einbezogen. Hierbei gilt es natürlich in allen Fällen den gesamten Lebenszyklus zu berücksichtigen, also Produktion, Vertrieb, Transport, Nutzung und Recycling. Für ein durchschnittliches Smartphone errechnet sich daraus ein CO2-Fußabdruck von insgesamt etwa 47 Kilogramm. Bei einem iPhone entfallen etwa 57 Prozent auf die Produktion, 34 Prozent auf die Nutzung, 8 Prozent auf den Transport und 1 Prozent auf das Recycling. So geht Apple eigenen Angaben zufolge davon aus, rund 40 Millionen Tonnen CO2-Emissionen im Jahr zu produzieren. Allerdings bleibt die energieintensive Rohstoffgewinnung bei dieser Rechnung noch unberücksichtigt. Für die Geräte werden rund 30 unterschiedliche Metalle benötigt. Ein durchschnittliches Smartphone beinhaltet rund 300 Milligramm Silber, 30 Milligramm Gold und elf Miligramm Palladium. Hinzu kommen Kupfer, Aluminium, Zinn und Tantal sowie zahlreiche Seltene Erden.[64]

Kanadische Forscher von der W. Booth School of Engineering Practice and Technology, die prognostizieren, dass das Smartphone 2040 der größte Klimakiller weltweit sein dürfte, könnten Recht behalten. Hinzu kommt natürlich der CO2-Ausstoß in den Rechenzentren: Jeder Klick und Wisch auf einem Smartphone wird über das Internet übertragen und führt zu mindestens einer Rechenoperation in einem Datenzentrum irgendwo auf der Welt. Es gilt die Faustregel, dass ein Smartphone in seiner Nutzung rund 20-mal so viel Energie und CO2 in Rechenzentren braucht, wie das eigentliche Gerät benötigt. Tendenz steigend, denn der Datendurst scheint ungebremst. Es gilt als konservativ gerechnet, wenn man davon ausgeht, dass sich das von Smartphones generierte Datenvolumen etwa alle fünf

Jahre verzehnfacht.[65] Beispiel Google: Jede Suchanfrage verursacht Berechnungen zufolge zwischen 5 bis 10 Gramm CO2-Ausstoß. Bei weit über 200 Millionen Suchanfragen täglich (!) errechnen sich daraus bis zu 2 Milliarden Gramm, also 2 Millionen Kilogramm am Tag. Google bestreitet die Zahl übrigens und geht lediglich von 0,2 Gramm pro Suche aus. Selbst daraus ergeben sich allerdings immer noch 400 Millionen Gramm CO2-Ausstoß pro Tag. Es ist zwar eine Dimension weniger, aber gelinde gesagt immer noch sehr viel.[66]

Umweltschädliche Werbepost

Jede Woche landet in bundesdeutschen Haushalten ungewollt zwischen 500 und 700 Gramm Papier im Briefkosten – Werbepost, die niemand bestellt hat. Die Briefkastenwerbung verursacht Berechnungen zufolge jährlich einen Ausstoß von mehr als einer halben Million Tonnen CO2. Demnach könnten bei der Papierherstellung pro Jahr bis zu 535.000 Tonnen des Klimagases gespart werden, wenn nur noch jene Haushalte Werbepost erhielten, die das auch wünschten.[67] Derzeit gilt die Regelung, dass Haushalte unerwünschte Werbepost explizit ablehnen müssen, etwa per Aufkleber „Bitte keine Werbung“, wenn sie nichts erhalten möchten. Eine umgekehrte Regelung, die den Einwurf von Werbepost nur noch bei jenen erlaubt, die ausdrücklich auf dem Briefkasten markieren, dies zu wollen, würde also nicht nur die Umwelt entlasten, sondern auch Millionen von Menschen vor unerwünschtem Werbemüll schützen.

Die Werbepost steht exemplarisch für unzählige Segmente, in denen sich der Schutz der Umwelt verbessern lässt, ohne dass weite Teile der Bevölkerung dadurch Nachteile in Kauf zu nehmen haben – ganz im Gegenteil, möchte man beim aktuellen Beispiel sagen.

Grenzen des Wachstums und die grüne Bewegung

Klimaschutz besitzt eine hohe Bedeutung gerade auch bei weiten Teilen der deutschen Bevölkerung. Seitdem der Club of Rome 1972 erstmals die Studie „Die Grenzen des Wachstums" veröffentlichte, hat sich die grüne Bewegung in Deutschland breit gemacht. Die guten Wahlergebnisse der Grünen seit 2018 und insbesondere 2021 beweisen, dass der Schutz der Umwelt hierzulande aktueller als je zuvor wahrgenommen wird. Vor allem die Erderwärmung macht den Menschen sorgen.

Dazu trug ein Bericht der Weltwetterorganisation (WMO) der Vereinten Nationen Ende 2018 bei, der an Eindeutigkeit nicht zu überbieten war: Wird der Ausstoß an Treibhausgas (CO2) nicht schnellstens reduziert, wird die Aufwärmung der Erde unumkehrbare Folgen für die Menschheit haben. Die Konzentration von Kohlendioxid in der Atmosphäre ist so hoch wie nie zuvor. So ermittelten die Klimaforscher 2017 einen CO2-Gehalt von 405,5 ppm (Teilchen pro Million Teilchen) gegenüber 403,3 ppm im Jahr zuvor. Seit 1990 ist der Strahlungsantrieb durch langlebige Treibhausgase um 41 Prozent gestiegen, stellte die WMO fest. Dieser sogenannte Strahlungsantrieb umfasst die Energiebilanz der Erde, also alles, was die Erdkugel erwärmt oder abkühlt. Dabei steht Kohlendioxid (CO_2) mit 68 Prozent an erster Stelle, gefolgt von Methan (CH_4) mit 17 Prozent. Beide Treibhausgase tragen zu 85 Prozent zur scheinbar unaufhaltsamen Erderwärmung bei, wobei Methan in Bezug auf die Erwärmung 20 bis 30 Mal schädlicher als CO_2 ist. Durch die erhöhte Konzentration in der Atmosphäre nimmt die Gashülle um den Globus ständig zu, so dass immer mehr Sonnenstrahlen zur Erde zurückgestrahlt werden und sich die Erdoberfläche dadurch erwärmt („Treibhauseffekt").

Verursacher sind natürlich nicht nur Autos und Computer, sondern beispielsweise auch Kraftwerke, Fabriken und Kreuzfahrtschiffe, die mit riesigen Schwerölaggregaten zu den wohl dreckigsten Verkehrsmitteln zählen. Letztlich entsteht CO_2 überall dort, wo Kohle, Öl und Gas verbrannt werden, aber etwa auch bei der Zementproduktion und bei anderen Industrieprozessen. Hauptverursacher des Methanausstoßes auf der Welt sind der Reisanbau und die Rinderhaltung. An dem Argument, jede Kuh sei für das Klima schädlicher als ein Diesel, ist zumindest etwas dran: Kühe produzieren nämlich bei der Verdauung haufenweise Methan.

Die Kühe sind schuld

Eine Kuh frisst am Tag rund 50 Kilogramm Grün- und Kraftfutter. Sie schluckt das Gras oder Heu praktisch unzerkaut, die Verdauung beginnt im ersten der vier Kuhmägen, dem sogenannten Pansen. Um die für uns Menschen unverdaulichen Zellwände von Pflanzen zu zerkleinern, tummeln sich im Rin dermagen bei Temperaturen von 40 Grad unzählige Mikroben, die die Zellulose in Energie und unter anderem auch Methangas umwandeln. Das gefährliche Gas kommt übrigens entgegen landläufiger Meinung nicht in erster Linie hinten, sondern vornes heraus. Die vorverdauten Pflanzenreste werden nämlich vom zweiten Vormagen, dem sogenannten Netzmagen, durch einen Reflex wieder ins Maul des Tieres gewürgt, so dass das Methan entweichen kann. Daher spricht man von Wiederkäuern, für die der mikrobielle Abbau von Zellulose, die sogenannte Fermentation, übrigens lebensnotwendig ist. Wissenschaftler der Universität Hohenheim wollen herausgefunden haben, dass eine Kuh ungefähr 300 Liter Methan am Tag produziert. Das entspricht umgerechnet einer Luftverschmutzung von etwa drei Tonnen CO2 im Jahr. Damit ist die Kuh im Vergleich zum Auto tatsächlich der größere Klimakiller, je nach Modell, versteht sich. So kommt ein 1er BMW etwa auf einen jährlichen CO2-Ausstoß von zwei Tonnen, eine weniger als die Vergleichskuh. Die Zahlen variieren je nach Autotyp und Kuh, aber es ist klar: Rinder sind für das Klima genauso schädlich wie Autos. Immerhin stehen rund um den Globus zirka 1,5 Milliarden Kühe auf der Weide; etwa genau so viele Autos befahren die Straßen dieser Welt.

Ähnlich wie sich Fahrzeuge immer umweltfreundlicher konstruieren lassen, kann man vor allem durch die Zusammensetzung des Futters auch bei Kühen den Ausstoß minimieren. Allerdings geschieht in den wärmeren Regionen der Erde genau das Gegenteil: Die dortigen Futterpflanzen haben einen deutlich geringeren Nährwert als bei kühlerem Klima. Das hat zur

Folge, dass die Rinder mehr fressen und infolgedessen auch mehr verdauen müssen. Wissenschaftler des Senckenberg-Forschungszentrums in Frankfurt sprechen sogar von einem Teufelskreis: Der weltweite Temperaturanstieg führt dazu, dass die Futterpflanzen durch dickere Blätter und Stängel robuster gegen Hitze und Wassermangel werden und dadurch für die Tiere schwerer zu verdauen sind und weniger Nährwert enthalten. Nimmt man den wachsenden Tierbestand hinzu, so prognostizieren die Forscher bis zum Jahr 2050 einen Anstieg des Methanausstoßes um 70 Prozent. Das Methanvolumen des Jahres 2050 entspräche demnach umgerechnet einem Erwärmungspotenzial von 4,7 Gigatonnen Kohlendioxid. Allerdings relativiert sich die Rolle der Rinder als Klimakiller, wenn man ihren Beitrag zum weltweiten Methanausstoß in Betracht zieht. So werden jährlich rund 500 Tonnen Methan emittiert, von denen 70 Prozent auf den Menschen zurückzuführen sind. In den letzten 50 Jahren hat sich die Methankonzentration beinahe versechsfacht. Fest steht: CH4 stellt ein mindestens ebenso großes Problem für unsere Umwelt dar wie CO2 – auch wenn es nicht zu den Autoabgasen gehört.

Ob Autos oder Kühe, vor allem die Menge, vom Verkehrsinfarkt bis zur Massentierhaltung, verursachen die Probleme. In dem Bericht der UNO-Weltklimaorganisation WMO (World Meteorological Organization) hieß es: „Es gibt keine Anzeichen für eine Umkehrung des Trends, der zu langfristigem Klimawandel, dem Meeresspiegelanstieg, der Versauerung der Meere und mehr extremen Wettersituationen beiträgt.“ WMO-Generalsekretär Petteri Taalas warnte: „Ohne eine Verringerung von CO2 und anderen Treibhausgasen, wird der Klimawandel zerstörerische und unumkehrbare Folgen für die Erde haben“ und fügte beinahe schon resigniert hinzu: „Die Chance, noch einzugreifen, ist fast vertan“.

Als im Januar 2019 riesige Schneemassen auf Süddeutschland, Österreich und die Schweiz niederkamen, sahen Experten einen Zusammenhang mit der Erderwärmung. Sie warnten vor dem gehäuften Auftreten von Lawinen aus Schnee, Wasser, Geröll und Schlamm aufgrund der Erwärmung der Alpen.

Die Lücke zwischen Forderungen und eigenem Tun

Doch zwischen der Weltklimakatastrophe, dem Abrutschen der Alpen und dem Verbot, mit dem eigenen Auto nicht mehr in die Innenstadt fahren zu dürfen, klafft eine große Lücke. Wie so häufig ist die Forderung, „jemand“ sollte etwas tun, für die Umwelt, für die Menschen, für die Tiere, für das Gemeinwohl, gegen die Armut oder für oder gegen was auch immer, viel leichter, als selbst etwas zu tun, sich selbst einzuschränken, selbst auf etwas zu verzichten. Beinahe alle sind gegen die Massentierhaltung, aber nur ein Zehntel der deutschen Bevölkerung ist konsequent genug, um ein Leben als Vegetarier zu fristen.

Ganz ähnlich verhält es sich beim Diesel. Erst sollen die anderen etwas gegen die Umweltverschmutzung und die Erderwärmung unternehmen, bevor man selbst auf den eigenen Wagen verzichtet. Die Kreuzfahrtschiffe, die Chinesen, die Amerikaner, die Plastikmafia, die illegale Waldrodung in Brasilien...

die Liste der Umweltsünder, die zuerst sauberer werden sollen, bevor man sich selbst an der Reihe sieht, ist lang.

Und natürlich: Das Wetter ist nicht in erster Linie menschengemacht. Schon immer hat sich das Wetter verändert, auch ohne menschlichen Einfluss. So lag die Zunahme des weltweiten CO2-Ausstoßes etwa 2016 vornehmlich am Wetterphänomen El Nino. Durch ungewöhnliche Strömungen im ozeanographischen-meteorologischen System mit erhöhten Meerestemperaturen und Dürren in den Tropen konnten die Ozeane und Wälder nicht so viel klimaschädlichen Kohlendioxid aufnehmen wie in anderen Jahren. Die spanische Bezeichnung El Nino bedeutet übrigens „Kind“ und bezieht sich speziell auf das Christuskind, weil das Phänomen in unregelmäßigen Abständen durchschnittlich alle vier Jahre um die Weihnachtszeit herum auftritt. Dem Vernehmen nach haben Fischer aus Peru den Namen für die Wetterkatastrophe gewählt, die für sie schon immer verheerende Auswirkungen hatte, weil die Fischschwärme ausblieben. Will heißen: Natürlich findet das Wetter auch ohne den Menschen statt und Wetter- und Naturkatastrophen sind nicht nur von Menschenhand gemacht. Das ändert aber nichts daran, der der Mensch in der modernen Zeit ganz offensichtlich maßgeblich zu den Veränderungen beiträgt. Über das Ausmaß mag man diskutieren, doch wer den Einfluss des Menschen auf das Klima generell in Abrede stellt, muss sich schon die Frage nach seinem Bildungsniveau gefallen lassen.

Natürlich sind die Folgen des Klimawandels in der Arktis stärker zu spüren als in einer deutschen Innenstadt. Das entlegene Gebiet weit entfernt von Zivilisation, Industrie und Verkehr erwärmt sich schneller als jede andere Region auf unserem Planeten, was dazu führt, dass sich die Eisdecke jedes Jahr ein Stück zurückentwickelt. Derzeit verfügt die Arktis über eine Durchschnittsfläche von rund 14 Millionen Quadratkilometern. Seit den ersten Messungen 1978 war sie damit noch nie so klein wie heute. Wissenschaftler des Alfred-Wegener-Instituts am Helmholtz-Zentrum für Polar- und Meeresforschung gehen von einem weiteren Schrumpfen der Arktisfläche um 2,8 Prozent pro Jahrzehnt aus.

Die Kontroverse „Diesel versus E-Auto“ steht beispielhaft für die Ambivalenz, mit der wir einerseits die Umwelt schonen und das Klima retten wollen, aber andererseits unsere eigenen Gewohnheiten und unsere Lebensweise beibehalten wollen. Zwischenzeitlich hat die Politik die Weichen glasklar in Richtung Elektromobilität gestellt. Doch es lohnt sich, die „Dieseldebatte“ oder besser gesagt das „Dieseldebakel“ genauer unter die Lupe zu nehmen, um zu verstehen, wie groß das Beharrungsvermögen auf dem Althergebrachten ist, wie trickreich-betrügerisch die Industrie sein kann, wenn Gewinn wichtiger als Umweltschutz ist und wie stark die Rettung der Umwelt und des Klimas vor allem auch eine gesellschaftliche Diskussion darstellt.

Umweltkiller Auto

„Das Auto ist des Deutschen liebstes Kind" gilt schon lange als eine Binsenweisheit. Sie zu diskutieren, wäre abseits des Themas des vorliegenden Buches, doch klar ist: Das Auto weckt viele Emotionen. Daher stellt die Debatte um „saubere Elektromobilität versus dreckige Diesel" eine Art Brennglas dar, wie ernst unsere Gesellschaft die Rettung des Klimas nimmt. Die teilweise hitzige Auseinandersetzung zwischen den „Propheten der Elektromobilität" und den „Dieselanern", die vor der Zerstörung der Automobilindustrie warnen, zeigen geradezu exemplarisch die Diskrepanz zwischen dem generellen Wunsch, die Umwelt zu schonen, und dem konkreten Verhalten, wenn man selbst zu den Betroffenen gehört, die deshalb Einschränkungen hinzunehmen haben. Da die Umstellung vom Verbrennungs- auf den Elektromotor Millionen von Menschen betrifft und in den nächsten Jahren zu gravierenden Umwälzungen führen wird, die uns alle berühren, findet dieser Aspekt im folgenden eine ausführliche Betrachtung. Dabei geht es nicht nur um „das Klima im allgemeinen", sondern konkret um Umweltbelastungen und damit die Gefährdung der Gesundheit – denn alle diese Betrachtungsweisen werden in der öffentlichen Diskussion häufig, und das zu recht, vermengt. So wird die Forderung nach Elektromobilität nicht etwa nur, aber auch, mit der Klimarettung begründet, sondern auch mit der Luftverbesserung in den Innenstädten.

Sauberer Diesel – dreckiger Diesel

Der Diesel ist eine besonders sparsame und umweltschonende Antriebsform – so argumentierte die deutsche Autoindustrie unterstützt von der Politik über Jahrzehnte hinweg. In der Tat ließen sich die Innovationen beim Dieselmotor dazu nutzen, um den Spritverbrauch und die Abgase deutlich abzusenken. Doch die Automobilbranche verspielte diese Chance. Statt sparsame und umweltfreundliche Fahrzeuge herzustellen, nutzte sie die Innovationen, um immer leistungsstärkere Wagen auf den Markt zu bringen, die immer mehr Abgase erzeugten. Wenn die Autohersteller später lautstark über die Politik klagten, übersahen sie gerne ihre eigene Schuld. Statt die Zukunft emissionsärmerer Autos vorauszusehen und sich darauf einzurichten, ignorierten sie Jahr um Jahr die Zeichen der Zeit. Als Anfang der 2010er Jahre klar wurde, dass die Umweltauflagen gar nicht mehr zu erfüllen sind, tricksten sie mit Manipulationssoftware im Glauben daran, dass ihr millionenfacher Gesetzesbruch und ihr Betrug am Kunden nicht auffallen wird. Und als das ganze Desaster schließlich offensichtlich wurde, wollte keiner der Auto-Bosse etwas gewusst haben. Auf jeden Fall aber wollten die Hersteller den Geschädigten, also ihren Kunden, so wenig wie möglich zahlen. Falsch entscheiden, täuschen, wegducken – in dieser Reihenfolge lässt sich das Verhalten der Automobilindustrie beschreiben.

Dass die Dieseloffensive der Hersteller die Luft in Deutschland nicht ernsthaft verbessert, war schon lang klar. Bereits 2017 kam das Statistische Bundesamt zu der Erkenntnis, dass der Pkw-Verkehr das Klima in Deutschland mit Emissionen in

Höhe von etwa 115 Millionen Tonnen belastete. Das waren 6,4 Prozent mehr als im Jahr 2010. Statt Entlastung also Mehrbelastung. Im gleichen Zeitraum war der offizielle CO2-Ausstoß laut Herstellerangaben zwar um 16 Prozent auf durchschnittlich 128 Gramm pro Kilometer gesunken – doch bei den tatsächlichen Emissionen war die Sache ganz anders aus.

Zur Wahrheit gehört auch, dass vor allem immer mehr Dieselfahrzeuge zur wachsenden Umweltbelastung beitrugen. In den letzten acht Jahren vor 2020 stieg der Fahrzeugbestand in Deutschland um zehn Prozent auf beinahe 46 Millionen Autos. Der Anstieg entfiel fast ausschließlich auf Diesel: Rund 15 Millionen Diesel waren 2020 auf Deutschlands Straßen unterwegs, 35 Prozent mehr als noch acht Jahre zuvor. Zum Vergleich: Bei den Benzinern war in diesem Zeitraum lediglich eine minimale Zunahme von 30,5 auf 30,7 Millionen Wagen zu verzeichnen.

Vor allem nutzte die Autobranche den Dieselboom für immer stärkere Fahrzeuge. So stieg die Anzahl neuer Diesel-Pkw mit einer Leistung von über 100 Kilowatt zwischen 2010 und 2020 um über 83 Prozent. Die 2017 zugelassenen Wagen kamen im Durchschnitt auf eine Leistung von 151 PS (111 Kilowatt). 2010 lag dieser Wert mit 130 PS (96 Kilowatt) deutlich niedriger. Immer mehr Motorleistung zog natürlich auch einen immer höheren Spritverbrauch nach sich. Die Dieselfahrzeuge verbrauchten mit 6,8 Litern auf 100 Kilometer zwar etwas weniger als die Benziner (7,6 Liter), aber der Dieselverbrauch blieb seit 2010 konstant. Lediglich bei Benzinern war ein leichter Rückgang von 9,9 auf 7,6 Liter pro 100 Kilometer zu verzeichnen). Diese Zahlen stammen aus dem Statistischen Bundesamt, und wollen die realen Verbrauchswerte widerspiegeln. Die offiziellen Angaben der Hersteller lagen weit darunter. Insgesamt lag der Kraftstoffverbrauch aller Fahrzeuge zusammen 2017 übrigens bei 46,35 Litern, 5,7 Prozent mehr als 2010.

Tödlicher Diesel: Feinstaub, Stickoxide und mehr

Bei den Dieselfahrverboten geht es nicht um Feinstaub, wie häufig angenommen wird. Bei modernen Dieselfahrzeugen sind seit Jahren kaum noch messbare Feinstaubemissionen am Auspuff messbar. Vielmehr geht es um Stickoxide.

Es ist noch niemand gestorben, weil er neben einem Diesel gestanden hat und die Verteufelung des Diesels ist völlig übertrieben. Mit diesem saloppen „Argument“ wurde der Abgasskandal vor 2020 wahlweise als amerikanischer Angriff auf die deutsche Autoindustrie, als Angriff des Abmahnvereins Deutsche Umwelthilfe oder als Angriff der EU, die die Grenzwerte festgelegt hat, abklassifiziert. Doch das war falsch: Es kann überhaupt kein Zweifel daran bestehen, dass Dieselemissionen erhebliche gesundheitliche Schädigungen nach sich ziehen – auch beim Dieselfahrer selbst, sobald er seinen Wagen verlässt und etwa durch die überbelasteten Innenstädte flaniert. Wissenschaftliche Hochrechnungen gelangten zu dem Schluss, dass jährlich europaweit etwa 5.000 Menschen vorzeitig starben, weil Dieselfahrzeuge im Straßenverkehr die auf Prüfständen gemessenen Grenzwerte für Stickoxide erheblich überschritten, oftmals um den Faktor vier bis sieben. Allein die rund 2,6 Millionen in Deutschland verkauften Fahrzeuge der

VW-Marken Audi, Seat, Skoda und Volkswagen mit illegalen Abschalteinrichtungen sollen diesen Schätzungen zufolge zwischen 2008 und 2015 in Europa etwa 1.200 vorzeitige Todesfälle verursacht haben. Rund 13.000 Lebensjahre hat der Diesel nach diesen Berechnungen vernichtet, was rechnerisch einem volkswirtschaftlichen Schaden von 1,9 Milliarden Euro gleichkommt. Doch sind diese Zahlen überhaupt belegt und halten sie einer Nachprüfung stand? Seit Anfang 2019 tobte genau hierüber eine Debatte der Lungenärzte in Deutschland – bevor die Diskussion durch die Pandemie 2020/21 abgebrochen wurde.

6.000 NO2-Tote im Jahr

Nach Untersuchung des Umweltbundesamtes lassen sich jährlich rund 6.000 vorzeitige Todesfälle der hohen NO2-Konzentration zuordnen, etwa durch Diabetes, Bluthochdruck oder chronische Lungenerkrankungen. Allerdings sind die Zahlen mit Vorsicht zu betrachten und vor allem: Es sind natürlich nicht nur die Autos, die NO2 ausstoßen, wenngleich viele davon offenbar viel mehr als gesetzlich erlaubt ist.

Den Ausgang nahm der heftige Ärztestreit angesichts einer Studie des Helmholtz-Instituts, in dem die Forscher vor erheblichen Gesundheitsgefahren durch Stickstoffdioxid auch schon in niedrigen Konzentrationen wie dem derzeit gültigen Grenzwert für NO2 von 40 Mikrogramm NO2 pro Kubikmeter Luft im Jahresmittel warnen. Die Studie im Auftrag des Umweltbundesamtes hat ausgerechnet, dass es ungefähr 6.000 Todesfälle in Deutschland sind oder ungefähr 50.000 Lebensjahre, die in der

Gesamtbevölkerung verloren gehen durch zu hohe Stickoxide. Das waren erschreckende Zahlen und immerhin gilt das Helmholtz-Institut als wissenschaftlich einwandfrei. Aber: Die Ergebnisse basierten nicht auf Messungen, sondern es handelte sich um konstruierte mathematische Modelle, die möglicherweise mit der Realität wenig zu tun haben. Das Umweltbundesamt räumte in der Tat ein, dass ein direkter Nachweis über die Gesundheitsgefahr durch Stickstoffdioxid nicht zu erbringen ist, verweist aber auf dessen Indikator-Funktion: „Es gibt tatsächlich keinen NO2-Toten oder NO2-Erkrankten, weil diese singuläre Verursachung durch diesen einen Schadstoff nicht beobachtbar ist“. Aber immerhin: „Wenn mehr NO2 vorhanden ist, treten die Erkrankungen auf. Aber wir können nicht eine Erkrankung herunterbrechen auf die eine Ursache NO2.“[68] Das hört sich jedenfalls ganz anders an als 6.000 Tote durch NO2 jährlich.

Der ehemalige Präsident der Deutschen Gesellschaft für Pneumologie (DGP), Dieter Köhler, veröffentlichte Anfang 2019 ein Positionspapier, in dem er einen Großteil der vorhandenen Studien zu den Gesundheitsgefahren durch Luftschadstoffe für fragwürdig erklärt. Mehr als 100 Lungenfachärzte schlossen sich an und forderten, die Grenzwerte zu überprüfen. Das Positionspapier wollte die Debatte versachlichen und wird daher nachfolgend im Wortlaut abgedruckt:

Stellungnahme zur Gesundheitsgefährdung durch umweltbedingte Luftverschmutzung, insbesondere Feinstaub und Stickstoffverbindungen (NOx).

Nach Daten der WHO und der EU reduziert sich die Lebenserwartung in Deutschland durch die Luftverschmutzung um etwa zehn Monate. Nimmt man die aktuelle Studie im Auftrag des Umweltbundesamtes zum NOx dazu, so erhöht sich die Zahl nochmals. Daraus sollen, auch von Wissenschaftlern und dem Umweltbundesamt, durch die Bevölkerungszahl und Lebensalter hochgerechnet, beim NOx 6.000-13.000 und beim Feinstaub 60.000-80.000 zusätzliche Sterbefälle im Jahr entstehen.

Nun stirbt etwa die gleiche Anzahl an Menschen in Deutschland im Jahr an Zigarettenrauch bedingtem Lungenkrebs und COPD. Lungenärzte sehen in ihren Praxen und Kliniken diese Todesfälle an COPD und Lungenkrebs täglich; jedoch Tote durch Feinstaub und NOx, auch bei sorgfältiger Anamnese, nie. Bei der hohen Mortalität müsste das Phänomen zumindest als assoziativer Faktor bei den Lungenerkrankungen irgendwo auffallen.

Es ist sehr wahrscheinlich, dass die wissenschaftlichen Daten, die zu diesen scheinbar hohen Todeszahlen führen, einen systematischen Fehler enthalten. Eine genauere Analyse der Daten zeigt, dass diese extrem einseitig interpretiert wurden, immer mit der Zielvorstellung, dass Feinstaub und NOx schädlich sein müssen. Andere Interpretationen der Daten sind aber möglich, wenn nicht viel wahrscheinlicher.

1. Korrelation und Kausalität: Viele Studien zur Gefährdung von Luftverschmutzung begründen sich auf epidemiologische Daten mit ähnlichem Muster (meist Kohortenstudien). Es werden Regionen verglichen mit unterschiedlicher Staub- bzw. NOx

Belastung. Man findet mehr oder weniger regelhaft eine sehr geringe Risikoerhöhung in staubbelasteten Gebieten, meistens nur um einige Prozent. Aus dieser Korrelation wird fälschlicherweise eine Kausalität suggeriert, obwohl es viel offensichtlichere Erklärungen für die Unterschiede gibt. Korrelationen dienen nur der Hypothesenbildung, sie sind nie konfirmatorisch.

2. Störfaktoren (Confounder): Die Krankheitshäufigkeit und die Lebenserwartung werden durch zahlreiche Faktoren bestimmt, wie Rauchen, Alkoholkonsum, körperliche Bewegung, medizinische Betreuung, Einnahmezuverlässigkeit von Medikamenten usw. Alle diese Faktoren wirken meist hundertfach stärker als der Risikoerhöhung durch die Luftverschmutzung in den Kohortenstudien zuzuordnen ist. Zudem ist die Störgrößenverteilung zwischen den Gruppen oft sehr unterschiedlich. Ein sogenanntes Adjustieren der Einflüsse in den Studien durch Fragebögen ist deswegen wissenschaftsmethodologisch nicht zulässig. Zudem können Lebensstil und Gesundheitsbewusstsein nicht erfasst werden, obwohl sie erheblich die Mortalität bestimmen. Es ist offensichtlich und auch durch Studien belegt, dass die Lebensart zwischen den unterschiedlich belasteten Regionen deutlich abweicht.

3. Schwellenwert und Toxizitätsmuster: Viele der epidemiologischen Studien zur Luftverschmutzung zeigen keinen Schwellenwert. Das wird in den Studien dahingehend interpretiert, dass es sich um eine besonders große Gefährdung handelt. Nun hat jedes Gift, auch das Stärkste, eine Schwellendosis. Es ist daher viel plausibler, dass alle diese Studien eine konstante Störgröße (Bias) messen, denn eine solche Störgröße hat meist keinen Schwellenwert. Allein die unterschiedliche Lebensart der Menschen, die in staubbelasteten im Vergleich zu weniger staubbelasteten Gebieten wohnen, würde einen solchen fehlenden Schwellenwert zwanglos erklären, denn die Änderungen der Lebensweise verlaufen kontinuierlich.

Die epidemiologischen Studien zeigen auch, dass Feinstaub und NOx zu mehr als zwei Dutzend voneinander sehr verschiedenen bunten Krankheitsbildern führen soll, die praktisch alle Fachgebiete der Medizin betreffen. Wenn nun aber die Luftverschmutzung so gefährlich wäre, so müsste sie ein typisches Vergiftungsmuster verursachen, wie es für jedes Gift mehr oder weniger typisch ist. Das völlige Fehlen dieses Musters spricht gegen eine Gefährdung und für Störfaktoren. Zudem gibt es überhaupt keine plausiblen pathophysiologischen Hypothesen, wie die Luftverschmutzung diese vielen unterschiedlichsten Erkrankungen verursachen soll.

Falsifikation: Das stärkste Argument gegen die extrem einseitige Auswertung der Studien ist jedoch eine Besonderheit, die nur beim Feinstaub und NOx vorliegt. Normalerweise müsste man zur Absicherung eines Grenzwertbereiches eine Expositionsstudie am Menschen durchführen mit höheren und niedrigeren Dosen. Das ist ethisch jedoch nicht vertretbar. Beim Feinstaub und NOx ist die Situation anders, denn die Raucher inhalieren freiwillig außerordentlich hohe Dosen, so dass diese quasi freiwillig an einer riesigen Expositionsstudie teilnehmen.

Die Konzentration an Feinstaub im Hauptstrom des Zigarettenrauches erreicht tatsächlich 100-500 g/m3 und ist damit bis zur 1 Million Mal größer als der Grenzwert. Beim NOx werden bis zu 1g/m3 erreicht, wobei der NO-Anteil überwiegt. Aus Depositionsstudien kann man die inhalierte Dosis der Raucher berechnen und mit der Dosis der Gesunden vergleichen, die permanent Feinstaub oder NOx im Grenzwertbereich einatmen würden. Dabei erreichen Raucher (eine Packung/Tag angenommen) in weniger als zwei Monaten die Feinstaubdosis, die sonst ein 80-jähriger Nichtraucher im Leben einatmen würde. Beim NOx sind die Unterschiede ähnlich, wenn auch etwas geringer. Hinzu kommt noch, dass der Rauch einer Zigarette um mehrere Größenordnungen toxischer ist, als die Luftverschmutzung.

Rauchen verkürzt die Lebenserwartung etwa um zehn Jahre, wenn über 40-50 Jahre eine Packung/Tag geraucht wird. Würde die Luftverschmutzung ein solches Risiko darstellen und entsprechend hohe Todeszahlen generieren, so müssten die meisten Raucher nach wenigen Monaten alle versterben, was offensichtlich nicht der Fall ist.

Die hier vorgestellten Kritikpunkte mögen überraschend sein, angesichts der großen Informationsflut über die Gefährlichkeit von Feinstaub und NOx, in den Publikationsorganen, den Medien und in staatlichen Verlautbarungen. Alle diese Informationen stammen im Wesentlichen aus der gleichen Quelle und beziehen sich damit auf die gleichen Inhalte, die oben kritisiert werden.

Natürlich ist es auch das Ziel der Autoren, die Maßnahmen zur Schadstoffvermeidung zu fördern. Jedoch sehen sie derzeit keine wissenschaftliche Begründung für die aktuellen Grenzwer-

te für Feinstaub und NOx. Sie fordern daher eine Neubewertung der wissenschaftlichen Studien durch unabhängige Forscher.

Die oben angeführten Kritikpunkte sind so gravierend, dass im Sinne der Güterabwägung sogar die Rechtsvorschrift für die aktuellen Grenzwerte ausgesetzt werden sollte.

Dieser Beitrag soll der Versachlichung der Diskussion dienen. Er entschuldigt natürlich nicht die unverantwortlichen Manipulationen von Teilen der Autoindustrie bzgl. des Schadstoffausstoßes.

Gerne sind wir bereit, jede der einzelnen Aussagen näher mit Literatur zu belegen.

Korrespondenzadresse: Prof. Dr. med. Dieter Köhler (Dipl. Ing)...

Fazit: Es ist einfach nicht plausibel, dass geringe Konzentrationen von NO2 und Feinstaub die Gesundheitsschäden und die Todesfälle verursachen sollen, wie sie publiziert werden.

Allerdings hat die Deutsche Gesellschaft für Pneumologie und Beatmungsmedizin (DGP) kurz zuvor ein anderes Positionspapier herausgebracht; in diesem fasst sie „den aktuellen Wissensstand zu den Gesundheitseffekten von Luftschadstoffen zusammen und leitet daraus Empfehlungen für einen umweltbezogenen Gesundheitsschutz ab“. Das offizielle Papier der DGP ist deutlich kritischer. Dort heißt es unter anderem:[69]

Gesundheitsschädliche Effekte von Luftschadstoffen sind sowohl in der Allgemeinbevölkerung als auch bei Patienten mit verschiedenen Grunderkrankungen gut untersucht und belegt. Hierzu gehören Auswirkungen auf Lungenfunktion und Lungengesundheit, auf die Mortalität, das Herz-Kreislauf-System, auf metabolische Prozesse und die fetale Entwicklung. Gesundheitliche Folgen können sowohl akut nach kurzfristigen Erhöhungen der Luftschadstoffkonzentration auftreten, wie sie z. B. von Tag zu Tag zu beobachten sind, als auch infolge einer langfristig erhöhten Luftschadstoffbelastung.

Immerhin mussten die Wissenschaftler einräumen, dass Rauchen viel schlechter und schädlicher ist:

Obwohl die Risikoerhöhungen im Vergleich zu anderen Risikofaktoren, wie z. B. aktives Rauchen oder schlechte Ernährung, relativ gering sind, ergibt sich ihre Bedeutung aus der Tatsache, dass praktisch die gesamte Bevölkerung davon betroffen ist. Das führt zu einer hohen Anzahl an attributablen Fällen und birgt ein hohes Präventionspotential. Laut Weltgesundheitsorganisation (WHO) ist Luftverschmutzung der wichtigste umweltbedingte Risikofaktor weltweit. In Deutschland werden der ambienten Luftverschmutzung durch Feinstaub ca. 600.000 verlorene Lebensjahre pro Jahr zugeschrieben; weitere Belastungen gehen von anderen Komponenten der Luftverschmutzung wie NO2 und Ozon aus.

Wie die DGP dennoch auf 600.000 verlorene Lebensjahre kommt, wird wohl auf immer ihr Geheimnis bleiben. Gleiches gilt für die 6 Billionen Euro jährlich, die die DGP als „potenziellen ökonomischen Gesundheitsnutzen pro Jahr“ bei einer Absenkung der Schadstoffwerte angibt. Wörtlich hieß es:

Trotz Absenkung der Schadstoffwerte in den letzten Dekaden in Deutschland ist die gesundheitliche Bedeutung der Luftverschmutzung anhaltend hoch. Dies resultiert unter anderem aus der Tatsache, dass bisher keine Wirkungsschwelle identifiziert werden konnte, unterhalb derer die Gesundheitseffekte vernachlässigt werden könnten. Das heißt, dass auch unterhalb der derzeit in Deutschland gültigen europäischen Grenzwerte erhebliche Gesundheitseffekte auftreten können. Als besonders vulnerable Gruppen sind Kinder, ältere Menschen – hauptsächlich vor dem Hintergrund des demografischen Wandels – sowie multimorbide Patienten zu betrachten, deren Risiko für schwerwiegende Folgen wie die akute Verschlechterung vorbestehender Grunderkrankungen, Krankenhauseinweisungen, kardiovaskuläre Ereignisse, Progression der Erkrankung bis hin zum Tod stark ansteigt. Die erheblichen gesundheitlichen Folgen führen in der Gesellschaft zu relevanten Kosten, die sowohl die Sozialsysteme, z. B. durch mehr Arztbesuche, Medikation oder Fehltage, als auch die Individuen belasten. Eine Reduktion der Luftschadstoffbelastung ist auf der anderen Seite mit einem erheblichen Gesundheitsgewinn verbunden. So wurde für 25 europäische Städte ab 70.000 Einwohnern bei Einhaltung der von der WHO derzeit noch empfohlenen Richtwerte eine Lebenszeitverlängerung um ca. sechs Monate berechnet und der potenzielle ökonomische Gesundheitsnutzen in Europa auf 31 Billionen Euro pro Jahr geschätzt.

Bei genauerem Hinsehen lässt sich feststellen, dass die DGP in ihrem Positionspapier vor allem die abenteuerlich anmutenden Zahlen schlichtweg aus anderen Quellen übernommen hat, wie es scheint, weitgehend ungeprüft. Frappierend waren die Schlussfolgerungen, die die DGP daraus zog:

1. Eine weitere deutliche Reduktion der Luftschadstoffbelastung ist geboten und eine Absenkung der gesetzlichen Grenzwerte erforderlich. Diese notwendige Reduktion der Luftschadstoffbelastung ist nur durch gemeinsames, interaktives und zielorientiertes Handeln auf politischer, technologischer und individueller Ebene erreichbar.

2. Hierzu muss in Deutschland eine „Kultur zur Schadstoffvermeidung" auf allen Ebenen entwickelt, gezielt gefördert und etabliert werden.

3. Multimodale Maßnahmen zur Schadstoffvermeidung umfassen

- *infrastrukturelle Maßnahmen zur Förderung einer schadstoffarmen Mobilität, ein Umsteigen auf emissionsarme Technologien in Verkehr, Industrie, Energieproduktion und Landwirtschaft,*

- *gezielte Minderungsmaßnahmen bei spezifischen lokalen Emittenten (Häfen, Flughäfen),*

- *verhaltenspräventive Maßnahmen zur Änderung des individuellen Mobilitäts- und Konsumverhaltens sowie*

• *Vermeidungsstrategien zur Reduktion der eigenen Schadstoffexposition.*

Hierfür muss die Politik mit entsprechenden Regularien den Anreiz schaffen. Die Exekutive und Judikative müssen die Verantwortung für deren Einhaltung konsequent übernehmen.

4 Forschungsaktivitäten zur Schließung von Wissenslücken müssen gezielt gefördert werden, z. B. im Bereich der Wirkung weiterer Schadstoffe wie von ultrafeinen Partikeln (UFP, Ultrafeinstaub), Langzeitfolgen einer Exposition im Kindesalter und mögliche protektive Wirkungen durch Ernährung oder, sekundärprophylaktisch bei bereits Erkrankten, durch Medikation.

Viele Maßnahmen zur Luftreinhaltung führen zu erheblichen Co-Benefits durch die gleichzeitige Reduktion von Klimagasen, Lärm, Landverbrauch, innerstädtischer Aufheizung.

Im Resümee der DGP-Dokumentation fiel auf, dass die Ärzte erstens und erstaunlicherweise direkte politische Handlungsempfehlungen gaben, und zweitens, wohl weniger erstaunlich, mehr Forschungsgelder forderten. Beides zusammengenommen machte das Positionspapier des Verbandes nicht glaubwürdiger und dürfte die Hauptursache für das Gegenpapier der über 100 Lungenärzte sein, die sich damit nicht abfinden wollten.

Zusammengefasst kann man feststellen: Die Mediziner sind sich nicht einig über die Auswirkungen von NO2 und anderen Umweltbelastungen, zumal Dieter Köhler im Frühjahr 2019 einräumen muss, dass ihm bei seinem Pro-Diesel-Papier signifikante Rechenfehler unterlaufen sind. Zwar ist unbestritten, dass Belastungen nicht gut für die Menschen sind, die Frage ist jedoch, in welchem Ausmaß und welcher Kausalität. Als diese vehemente Diskussion Anfang 2019 unter Mediziner aufkam, hatten die Gerichte allerdings längst über Fahrverbote entschieden. Die EU hatte die Grenzwerte Jahre zuvor festgelegt, der deutsche Gesetzgeber hatte sie übernommen und sie stellten die Richtwerte für Rechtsprechung nicht nur in Deutschland dar. Der Einwurf der Ärzte kam also um Jahre zu spät.

Diese medizinische Betrachtung soll der Sachlichkeit dienen, denn alle Dieselkritiker sind losgelöst von politischen, ideologischen und wirtschaftlichen Interessen in einem geeint: Sie vertreten dem Vernehmen nach die Gesundheit der Bevölkerung. Damit steht die automobile Umwälzung geradezu exemplarisch für beinahe alle Debatten zur Klimarettung und zum Umweltschutz. Stets lassen sich zu beinahe jeder Position konträre Stellungnahmen finden, die von ihrer Herkunft her und dem dahintersteckenden Analyseverfahren plausibel erscheinen. Nicht nur für den Bürger, sondern auch für die Politik ist es daher schwierig, sich Klarheit über wahre Situation zu verschaffen und noch schwieriger, daraus Handlungsempfehlungen insbesondere von Seiten des Gesetzgebers abzuleiten. Doch wenn es schon bei einer vergleichsweise einfachen Frage wie der nach der Schädlichkeit von Benzin- und Dieselfahrzeugen derart unterschiedliche und durchaus wissenschaftlich und statistisch begründete Ansicht gibt, um wieviel schwerer ist es, die globalen Auswirkungen der Klimaveränderungen vorauszusehen.

Nicht alles glauben von „denen da oben“

Die Diskussionen, ob die Grenzwerte sinnvoll festgelegt sind, und übrigens auch darüber, ob bei der Messung der tatsächlichen Umweltbelastung in den Städten alles mit rechten Dingen zugegangen war, entschuldigte im übrigens keineswegs das systematische Fehlverhalten der Autohersteller – von der Inkaufnahme der drastisch überhöhten Werte über die Millionenfache Schummelei bis hin zur Weigerung, die betrogenen Kunden angemessen zu entschädigen. Ganz im Gegenteil hat dieses Verhalten mit Sicherheit das Vertrauen weiter Teile der Bevölkerung in „die da oben“ – vom Autoboss bis zum Politiker – einmal mehr erschüttert. Wenn eine ganze Branche über Jahre hinweg systematisch Kunden und Behörden belügt und betrügt und am Ende mit einem Bußgeld mehr oder minder straffrei davonkommt, dann steht auch ein Fragezeichen über dem Rechtsstaat. Vor allem darf man sich wohl nicht wundern, wenn zumindest ein Teil der Bevölkerung bei den Freiheitsbeschränkungen zur Eindämmung der Coronavirus-Pandemie oder eben auch beim vermeintlichen Herannahen der Klimakatastrophe nicht alles glaubt, was „die da oben“ erzählen. Wenn sich der Diesel binnen eines Jahrzehnts vom Umweltretter zum Umweltsünder entwickelt, dann ist die Frage nach dem Wahrheitsgehalt anderer vermeintlicher Erkenntnisse durchaus gerechtfertigt. Das gilt vor allem dann, wenn es gravierende Einschränkungen für den Einzelnen bedeutet, von der Verunglimpfung Ungeimpfter in der Pandemie bis hin zu Fahrverboten, weil das als sauberer Neuwagen gekaufte Fahrzeug binnen weniger Jahre von der Politik zur „Dreckschleuder“ erklärt wurde.

Fahrverbote aller Orten

Die hohe Umweltbelastung in den Innenstädten war der Ausgangspunkt für Fahrverbote in Deutschland. Doch schon kurz danach wurden die ersten Stadtautobahnen für ältere Diesel gesperrt.

Beispielhaft hierfür stand die Berliner Stadtautobahn A10. In einem wegweisenden Urteil machten die Richter am Verwaltungsgericht (VG) mit Urteil vom 9. Oktober 2018 klar, dass die NO2-Grenzwerthochsetzung auf 50 Mikrogramm pro Quadratmeter durch die Bundesregierung im Bundes-Imissionsschutzgesetz gegen geltendes EU-Recht verstößt. Sie verurteilten das Land Berlin, 2019 einen Luftreinhalteplan aufzustellen, aus dem hervorgeht, wie die Einhaltung des NO2-Grenzwertes von 40 Mikrogramm pro Quadratmeter im gesamten Stadtgebiet schnellstmöglich erreicht werden kann. Dazu zählt die mögliche Ausweitung des Dieselfahrverbots auf die Stadtautobahn A100 ebenso wie die mögliche Einbeziehung von Diesel-Pkw, die der neuesten Euro-6-Norm genügen.

Neueste Diesel seit 2021 in ganz Europa unerwünscht

Um eine Dieselkatastrophe in Europa abzuwenden, hat die EU-Kommission versucht, die Grenzwerte der Euro-6-Norm bei der Einführung neuer Autoabgastests – zu realen Bedingungen im Straßenverkehr statt lediglich auf Prüfständen — zu lockern. Man wollte damit verhindern, dass selbst die neueste und modernste Dieselgeneration die Grenzwerte überschreiten könnte. Statt wie im ursprünglichen Euro-6-Regelwerk nur 80

Milligramm Stickstoffdioxid pro Kilometer zuzulassen, hatten die EU-Bürokraten durch Umrechnungsfaktoren festgelegt, dass die Diesel für eine Übergangszeit 168 Milligramm und danach 120 Milligramm emittieren dürfen. Zur Begründung für die deutlich erhöhten Grenzwerte nannte die Kommission Messungenauigkeiten bei Prüfungen im realen Straßenverkehr.

Ein kluger Schachzug zur Schonung der Autohersteller, die damit erreicht hatten, dass Fahrzeuge auf der Straße deutlich mehr NO2 ausstoßen dürfen als auf dem Prüfstand. Aber Autobauer und Kommission hatten die Rechnung ohne die Städte gemacht. Wenn die Autos nämlich mehr von dem Reizgas ausstoßen dürfen, wird es für die Städte deutlich schwieriger, die gesetzlichen Vorgaben zur Luftqualität einzuhalten. Prompt klagten die Städte Brüssel, Madrid und Brüssel vor dem EU-Gericht in Luxemburg – und bekamen recht. Die Kommission ist bei der Lockerung der Grenzwerte in ihrem Regulierungsvorschlag von 2016 weit über ihre Befugnisse hinausgegangen, befanden die Richter. Zudem seien die Menschenrechte und weitere Gesetze der EU dadurch verletzt worden. Immerhin soll es 14 Monate lang keine Änderungen geben, um Rechtssicherheit zu wahren und zu gewährleisten, dass es überhaupt gültige Grenzwerte gibt.

Aber letztlich bedeutet der Luxemburger Richterspruch, dass europäische Großstädte seit 2021 auch die neuesten Diesel aussperren dürfen. Fahrzeuge, die also 2019 oder 2020 zugelassen werden, könnten seit 2021 Fahrverboten ausgesetzt sein. Damit bleibt die Unsicherheit bei Herstellern und Verbrauchern gleichermaßen hoch.

Diesel 6 unerwünscht

Ende 2018 schreckte die Berliner Senatorin für Umwelt, Verkehr und Klimaschutz, Regine Günther, die Republik auf mit der Erkenntnis „Selbst die Euro-6-Fahrzeuge sind nicht sauber“. Die Politikerin, die zuvor 16 Jahre das Klima- und Energiereferat des World Wildlife Found (WWF) Deutschland leitete, folgerte daraus nämlich öffentlichkeitswirksam: Ab 2020 könnten in der Bundeshauptstadt Fahrverbote in den Abgassperrzonen bis einschließlich der Schadstoffklasse 6c drehen.

Von dort bis zu allerneuesten Norm Euro-6d-Temp ist es nicht weit: Die modernsten Diesel könnten unerwünscht werden, wir hätten dann ein generelles Dieselverbot. Kaum jemand glaubt, dass dies auf einige Straßen in Berlin begrenzt sein wird, es scheint absehbar, dass Diesel gleich welcher Bauart in immer mehr Städten und auf immer mehr Autobahnabschnitten in Deutschland und Europa verboten werden. Schon Ende 2018 war von rund 500 betroffenen Kommunen die Rede.

Es wären wohl auch Nachrüstungen der Euro-6-Diesel notwendig. Dazu passt die Entscheidung des Luxemburger EU-Gerichts vom Herbst 2018, wonach europäische Großstädte seit 2021 auch die neuesten Diesel aussperren dürfen. Die Empörung und die Unsicherheit werden größer. Es ist wohl in erster Linie dem Coronaausbruch seit 2020 zu schulden, dass die automobile Krise, die Millionen von Menschen konkret betrifft, nicht noch höhere Wellen schlägt.

Benzinerstopp ab 2030

Nach dem Dieseldesaster wechselten viele Autofahrer auf Benziner – um bald darauf vom Benzinerstopp eingeholt zu werden. Nordeuropa ist einmal mehr Vorreiter beim Umweltschutz. Dänemark, Norwegen und Schweden haben den Verkauf von Diesel- und Benzinautos von 2030 an verboten. Das Ende der Verbrennungsmotoren liegt also rund eine Dekade in der Zukunft.

In Deutschland schreckte SPD-Gesundheitsexperte Karl Lauterbach kurz vor Weihnachten 2018 die Republik auf mit der Forderung nach dem „Aus für Benziner". Autos mit Benzinmotor setzen „mehr gefährlichen Feinstaub frei als ein Diesel" und verursachen „mehr Klimawandel" informierte der SPD-Politiker über Twitter. Schon im Frühjahr 2018 hatte er vor dem Kauf von Benzinfahrzeugen gewarnt, weil diese abgesehen von wenigen Modellen nicht über einen Feinstaubfilter verfügen. „Der wird in den nächsten Jahren, wenn es um weitere Fahrverbote in den Innenstädten geht, aber unter Garantie Vorschrift", traf Lauterbach eine Prognose, für deren Eintreten er sich selbst seitdem maßgeblich einsetzt – neben seinem Corona-Engagement. Er weiß sich damit Seite an Seite mit der Deutschen Umwelthilfe, die das Aus für Benziner längst auf ihre Agenda gesetzt hat. Die DUH setzt dabei genau wie SPD-Lauterbach auf die Feinstaubemissionen. Genau diese sind bei der Dieseldebatte übrigens kein Thema, weil der Feinstaubausstoß der modernen Diesel-Pkw minimal ist. Bei den Dieselfahrverboten müssen die Stickoxide als Argument herhalten, bei Benzinern der Feinstaub. Für die Autofahrer kommt es letztlich auf's gleiche hinaus: sie erhalten Fahrverbote in immer mehr Innenstädten und sicherlich auch Autobahnabschnitten. Es ist wohl Corona „zu verdanken“, dass wir in Innenstädten und auf vielen Strecken überhaupt noch mit Verbrennungsmotoren fahren dürfen, weil die Mobilität aufgrund der Pandemie drastisch zurückgegangen ist.

Profiteure im wahrsten Sinne des Wortes waren die Automobilhersteller. Erst verkauften sie neue Diesel, um die „alten Umweltverschmutzer“ abzulösen, dann Benziner, dann Hybride und nun – nachdem sie mit der Entwicklung soweit sind – reine Elektroautos, soweit die Chipknappheit dies zulässt. Das alles geschah auf dem Rücken der Kunden und mit hilfloser Billigung der Politik und ist 2022 immer noch nicht beendet. Wer sich diese Entwicklung vergegenwärtigt, versteht, warum weite Teile der Bevölkerung immer neuen Klimaschutzmaßnahmen skeptisch gegenübersteht – jedenfalls dann, wenn sie ähnlich gravierende Auswirkungen auf das eigene Leben zeigen wie das beim Automobil der Fall ist.

Dramatische Auswirkungen

Die Fahrverbote sind nicht nur ärgerlich für alle Diesel- und künftig auch Benzinerfahrer, die mit ihrem Wagen nicht mehr in die Innenstädte dürfen und für sie gesperrte Autobahnstrecken umfahren müssen. Die Verbote bergen auch eine dramatische Gefahr für die Versorgungssicherheit in den betroffenen Städten. Schließlich sind es Lastwagen und Transporter, die Lebensmittel in die Supermärkte, Sprit zu den Tankstellen,

Pakete zu den Firmen und Haushalten, Stahlträger zu den Baustellen und Handwerker zu ihren Kunden bringen. Ganze Logistikketten werden lahmgelegt, oder jedenfalls verzögert und verteuert. Aber auch viele Bürobeschäftigte müssen sich fragen, wie sie zu ihrem Arbeitsplatz kommen. Der durch Corona ausgelöste Trend zum Homeoffice könnte eine Antwort sein. Zudem lassen sich Lebensmittel und sonstige Waren nach Hause bestellen, so dass man gar nicht mehr in die City muss; Die Auslieferung in die heimischen vier Wände ließe sich per E-Lieferwagen bewerkstelligen. Doch wollen wir wirklich eine Welt, in der wir das Haus nicht mehr verlassen (müssen)? Die meisten von uns sicherlich nicht!

Sind die Fahrverbote übertrieben?

Nachdem Fahrverbote aller Orten unvermeidlich sind, stellt sich die Frage, ob das eine vernünftige Gesundheitsvorsorge oder eine alarmistische Überreaktion darstellt. Die Meinung in der Bevölkerung ist eindeutig. Beinahe drei Viertel (72 Prozent) halten die Fahrverbote für übertrieben, ein Viertel (25 Prozent) findet sie richtig. Ebenfalls drei Viertel (75 Prozent) vertreten die Auffassung, dass die Politik die Hersteller zu Umrüstungen oder Entschädigungen für die Dieselbesitzer verpflichten sollte.

Die Schuldfrage teilt sich übrigens auf: 45 Prozent der Bevölkerung halten die Automobilhersteller für schuldig am Dieseldesaster, 40 Prozent machen die Hauptschuldigen in der Politik aus. Die Umweltschutzorganisationen, die das Thema vorangetrieben haben, zählen lediglich 10 Prozent zum Kreis der Mitschuldigen.[70]

Fahrverbote als ultima ratio des Klima- und Umweltschutzes stehen exemplarisch dafür, wie gut gemeinte gesetzgeberische Maßnahmen zu fatalen Auswirkungen führen können. Aus dem politischen Willen zur Klimarettung und zum Umweltschutz entstehen Gesetze, die letztendlich einer gerichtlichen Überprüfung standhalten müssen. Doch genau diese Kette – vom allgemeinen Wunsch nach einer sauberen Umwelt bis zu den konkreten Auswirkungen auf das eigene Leben – wird häufig übersehen. Dies gilt für Energiesparmaßnahmen etwa aufgrund von EU-Vorgaben ebenso wie für die sogenannte Energiewende, also die Umstellung von fossilen Brennstoffen auf nachhaltige Energiequellen. Sind diese Entwicklungen wünschenswert? Ja, natürlich, sie sind sogar notwendig, um unsere natürlichen Ressourcen als Lebensgrundlage zu erhalten! Aber wer sich diese Umstellungen wünscht, sollte lernen damit zu leben, dass sich diese Wünsche erfüllen. Fahrverbote für Autos mit Verbrennungsmotoren stehen geradezu beispielhaft für diese zwiegespaltene Situation.

Wer misst, misst Mist

Alle Dieselfahrverbote basieren auf der Vorlage von Zahlen vor einem Gericht, aus denen hervorgeht, dass die zulässigen Grenzwerte überschritten wurden. Doch wer eine Messung vornimmt, kann sich auch vermessen. Vor allem kommt es darauf an, wo, wie, wann und womit gemessen wird. Bei genauerer

Betrachtung erscheinen viele der etwa von der Deutschen Umwelthilfe (DUH) vorgelegten Messungen äußerst zweifelhaft.

Beispiel Berlin: Am 9. Oktober 2018 schloss sich das Verwaltungsgericht (VG) Berlin dem Urteil des Bundesverwaltungsgerichts vom 27. Februar 2018 an. Es verurteilte das Land Berlin, 2019 in den Luftreinhalteplan für die Hauptstadt alle erforderlichen Maßnahmen aufzunehmen, um den Grenzwert für NO2 in Höhe von 40 Mikrogramm pro Kubikmeter im Stadtgebiet Berlin einzuhalten. Geschieht das nicht, drohte das Gericht mit der Anordnung von Fahrverboten auf einzelnen Strecken. Das Gericht stützte sich bei seinem Urteil auf Messungen aus dem Jahre 2017, die teilweise Belastungen von 41 bis hin zu 63 Mikrogramm NO2 pro Kubikmeter auswiesen. Das sind zwischen 22,5 und 57,5 Prozent mehr als der zulässige Grenzwert, haben die Richter ausgerechnet. Weniger genau scheinen sie bei der Durchführung der Messungen hingeschaut zu haben.

So basierte die Erfassung der Berliner NO2-Werte auf den Messungen von 39 Messstationen. 16 davon sind automatische Stationen, die restlichen sogenannte Passivsammler. Die DUH, die in Berlin als Klägerin auftrat, berief sich zudem auf Messdaten der Technischen Universität (TU) Berlin. Diese Messdaten wurden mittels Passivsammlern an 110 Standorten ermittelt. Auf die Idee, dass die Messungen mit Passivsammler zu überhöhten Messergebnissen führen könnten, scheint niemand gekommen zu sein, jedenfalls äußerte sich vor dem VG Berlin keiner der Beteiligten dahingehend. Ganz im Gegenteil stützten sich die Richter auf ein Rechenmodell gemäß Paragraph 13, Absatz 2 der 39. BlmSchV, das davon ausgeht, dass die tatsächlichen Werte sogar noch über den Messdaten liegen. Daher schlugen die Richter noch 4 Mikrogramm pro Kubikmeter auf. Waren die Messungen schon zweifelhaft, so stellte der Aufschlag zweifelsfrei eine Verfälschung dar.

Die Genauigkeit der Messungen wird nämlich in erster Linie dadurch bestimmt, welche Art von Messstationen verwendet und wo diese aufgestellt werden. Eigens hierzu haben das Europäische Parlament und der Europäische Rat am 21. Mai 2008 die Richtlinie 2008/50/EG für saubere Luft in Europa verabschiedet. In dieser sind haarklein die Kriterien festgelegt, die die zuständigen Behörden bei der Aufstellung von Messstationen zu berücksichtigen haben. Die EU hat sich dabei in erster Linie an die Empfehlungen der Weltgesundheitsorganisation (WHO) gehalten und darauf basierend den NO2-Grenzwert bei 40 Mikrogramm pro Kubikmeter im Jahresdurchschnitt festgesetzt. Die WHO stützt sich wiederum auf Studien, die zu dem Schluss kommen, dass ein Zusammenhang zwischen dem Maße, in dem ein Mensch NO2 ausgesetzt ist, und gesundheitlichen Problemen nicht auszuschließen ist. Allerdings räumt die WHO selbst ein, dass der Grenzwert von 40 Mikrogramm NO2 pro Kubikmeter als jährlicher Durchschnittswert kein überprüfbares Fundament aufweist. Es ist eher eine Art Vorsichtsmaßnahme. Die US-amerikanische Environmental Protection Agency (EPA) sieht einen Kausalzusammenhang: Wenn ein Mensch langfristig einer hohen NO2-Konzentration ausgesetzt ist, führt dies wahrscheinlich zu gesundheitlichen Problemen. Allerdings geht die EPA von einem Jahresdurchschnitt von rund 100 Mikrogramm NO2 pro Kubikmeter aus, also dem

Zweieinhalbfachen der EU. Keiner der Messwerte in Berlin erreicht auch nur annähernd den Grenzwert, den die US-Umweltbehörde als bedenklich einstuft.

Doch die Bundesrepublik Deutschland folgt nicht dem lockeren US-Ansatz, sondern den wesentlichen strikteren EU-Vorgaben. So haben die Vorschriften der EU-Richtlinie in das Bundesimissionsschutzgesetz und insbesondere in der 39. BlmSchV (Bundesimmissionsschutzgesetzverordnung) Eingang in das deutsche Recht gefunden. Als aussagekräftig oder gar gerichtsverwertbar dürfen nur Messungen gelten, die dieser Norm entsprechen. Und daran gibt es nicht nur in Berlin erhebliche Zweifel. So ist in Anlage 3 Abschnitt C zur 39. BlmSchV unter anderem festgelegt, dass die Messstationen einen Abstand von mindestens 25 Meter vom Rand verkehrsreicher Kreuzungen und höchstens 10 Meter vom Fahrbahnrand haben dürfen, wobei offen bleibt, was genau unter „verkehrsreich" zu verstehen ist. Satellitenbilder etwa von Google Earth zeigen indes, dass etwa in Berlin Distanzen zu vielbefahrenen Kreuzungen eher bei 17 oder 14 Metern liegen. Darüber hinaus ist in Anlage 3 Abschnitt C der 39. BlmSchV festgelegt, dass die Messsonden nicht in nächster Nähe von Quellen angebracht werden dürfen, um eine unmittelbare Einleitung von Emissionen zu verhindern. Es soll nicht gemessen werden, was am Auspuff herauskommt, sondern was in der Luft ist. In Berlin ist es jedoch augenscheinlich so, dass eine ganze Reihe von Messstationen so dicht an der Straßenkante aufgestellt sind, dass die unmittelbare Einleitung von Emissionen geradezu gewollt erscheint. Die Messwerte, auf die sich das Gericht stützte, scheinen also äußerst fragwürdig. Auch in München, Mainz, Wiesbaden, Essen und augenscheinlich vielen anderen Städten sind die Luftmessstationen falsch platziert. Vor allem der laut EU-Vorgaben gebotene Mindestabsatz von 25 Metern bis zur nächsten verkehrsreichen Kreuzung wird in vielen Fällen nicht eingehalten. Die Verteidigung der jeweils zuständigen Umweltämter klingt geradezu abenteuerlich, wenn man bedenkt, dass deshalb Hunderttausende von Dieselfahrern nicht mehr in die Innenstädte dürfen: Nach Angaben der Ämter ist die Platzierung entweder nicht anders möglich oder – man höre und staune – die Stationen seien schon aufgestellt worden, bevor die entsprechende EU-Richtlinie in Kraft trat. Mit anderen Worten: Bei den Grenzwerten gelten die EU-Vorgaben, beim Aufstellen der Messstationen, die dazu dienen, festzustellen, ob Grenzwerte erreicht oder gar überschritten werden, nehmen es die Behörden quer durch Deutschland nicht so genau mit den EU-Vorgaben. Untersuchungen durch den Deutschen Wetterdienst im Auftrag der Verkehrsminister von Bund und Ländern förderten erschreckende Ergebnisse zutage: Von den ersten acht untersuchten Messstellen in Nordrhein-Westfalen blieben nur vier unbeanstandet. Bei dreien empfahl der Deutsche Wetterdienst technische Veränderungen, bei der vierten geht selbst das nicht: sie steht viel zu dicht an einer vielbefahrenen Kreuzung. Zwar stellten die Umweltämter in einigen Fällen zusätzliche Messstationen auf, die den neuen EU-Kriterien genügen, behielten aber die alten Stationen weiterhin in Betrieb, um langfristige Trends zu dokumentieren. Allerdings wurden auch die Werte der falsch aufgestellten Stationen in den Gerichtsprozessen für Fahrverbote herangezogen. Doch die Überprüfung der Messpunkte stieß nicht überall auf Gegenliebe: Vor allem Verkehrsminister aus der grünen Partei wehrten sich gegen „eine Instrumentalisierung der Debatte um Messstellen und sprechen sich deutlich dafür aus, den Fokus auf die wirksamen Maßnahmen zur Reduktion der Luftbelastung zu legen“, hieß es in einer Erklärung der Länder Baden-Württemberg, Berlin, Bremen und Hessen. Anders formuliert: Aus ideologischen Überzeugungen wurden die Genauigkeit und damit die Rechtmäßigkeit der Messungen bewusst offen gelassen, um möglichst viele Menschen in Busse und Bahnen zu treiben und das eigene Auto stehen zu lassen.

Zur Verwirrung trug zudem die Verwendung von Passivsammlern erheblich bei. Diese Messeinrichtungen dürfen seit dem 11. Juni 2013 gemäß Paragraph 16 Absatz 1 in Verbindung mit Anlage 6 Abschnitt d der 39. BlmSchV zwar zum Einsatz kommen. Jedoch weist diese Methode, obgleich zulässig, Abweichungen von bis zu 10 Prozent gegenüber den automatischen Messstationen auf. Wenn jedoch an einigen Automatikmessstationen ein Wert von 41 Mikrogramm pro Quadratmeter gemessen und diese Überschreitung um 1 Mikrogramm schon ein Fahrverbot zur Folge haben kann, so erscheint eine Messtoleranz von 10 Prozent – also in diesem Fall bis zu 4 Mikrogramm – ungebührlich hoch.

Luftmessung im Park

Der Hinweis, dass Deutschland das einzige Land in der EU ist, in dem es Fahrverbote für Dieselfahrzeuge gibt, obgleich dieselben Grenzwerte für alle EU-Staaten gelten, wird häufig mit dem Verweis auf die unterschiedlichen Aufstellungsorte für Messanlagen begleitet. In Italien und vielen anderen Ländern würden die Messstationen in Parks oder an ähnlich verkehrsentlegenen Gebieten aufgestellt, in Deutschland direkt an der Kreuzung, so der Vorwurf. Tatsächlich ist die 39. Bundes-Immisionsschutzverordnung bezüglich der Aufstellung der Messstationen eher vage. So soll die Luft in einem Bogen von „mindestens 270 oder 180 Grad frei strömen" - eine merkwürdige Formulierung, mindestens 270 oder mindestens 180? In der EU-Richtlinie von 2008 war noch eindeutig von „mindestens 270 Grad" die Rede. Später haben die deutschen Behörden den Zusatz „oder 180" hinzugefügt, der mit der EU-Richtlinie von 2015 ins europäische Recht übernommen wurde.

Zudem heißt es, dass die Messstationen an Straßen ohne Kreuzung „höchstens 10 Meter" vom Fahrbahnrand entfernt sein dürfen. 10 Zentimeter sind also erlaubt, ebenso wie 1 Meter oder 10 Meter. Den Abstand von Gebäuden zur Messstation beschreibt die Messstation mit „einige Meter", wiederum sehr vage, sind das 2, 5 oder gar 10 Meter? Damit ist die Verordnung im Grunde für Gerichtsprozesse ungeeignet, weil sie viel zuviel Spielraum für das richterliche Ermessen und den Streit der Experten erlaubt. Das bayerische Landesamt für Umwelt kam schon 2015 in einer Studie zu dem wenig überraschenden Schluss, dass sich der Abstand einer Messstation von der Straße gravierend auf die Werte auswirkt. Insbesondere die Kombination aus Nähe zum Fahrbahnrand und zu einer Häuserecke treibt die Messwerte offenbar in die Höhe, obgleich sich vermutlich in dieser Ecke so nahe am Fahrbahnrand kein Fußgänger aufhält.

Alles deutet also darauf hin, dass die konkrete Auslegung der Messungen über die europäischen Länder hinweg unterschiedlich streng gehandhabt wird, ja sogar über die unterschiedlichen Bundesländer und Kommunen in Deutschland hinweg.

Halten wir fest: Die verwendeten Messgeräte sind ungenau und die Aufstellung der Geräte ist an vielen Standorten fragwürdig. Als ob das nicht schon Grund genug für berechtigte Zweifel wären, schlugen die Richter am Verwaltungsgericht Berlin noch 10 Prozent auf alle Messwerte auf, um – ja, warum eigentlich? – um Dieselfahrverbote auf jeden Fall herbeizuführen? Auf ungenaue Werte zweifelhafter Herkunft wurden 10 Prozent aufgeschlagen, und der Aufschlag wurde – geradezu kurios – mit der „Verwaltungspraxis des Landes Berlin“ begründet. Damit gehen die Richter ganz offensichtlich vom schlimmstmöglichen Fall aus. Es ist nicht auszuschließen, dass dieser an einigen Stellen in der Innenstadt zu einigen Zeiten auftritt. Aber missachtet das Gericht damit nicht den Grundsatz der Verhältnismäßigkeit. „Im Zweifel gegen den Diesel“ scheint die Maxime zu sein. Nur: Gerade im Umweltrecht ist immer eine besonders sorgfältige Abwägung zwischen Nutzen und Schaden geboten. Wollte man stets vom schlimmstmöglichen Fall oder dem größten anzunehmenden Unfall ausgehen, müsste im Grunde alles verboten werden. Menschen sterben im Straßenverkehr, dennoch verbieten wir ihn nicht.

Pollenflug nimmt Einfluss

Im Sommer 2018 fiel der Landesanstalt für Umwelt Baden-Württemberg (LUBW) auf, dass ein ungewöhnlich hohes Pollenaufkommen die Feinstaubmessungen in Stuttgart beeinflussen könnte. Die Behörde wurde tätig, nachdem zuvor zwei lokale Tageszeitungen über unplausible Messergebnisse aufgrund von Blütenpollen berichtet hatten. Eigentlich werden Pollen vor der Messung ausgesondert, aber bei zuviel Pollenflug scheint der dafür erforderliche Mechanismus zu versagen.

Bemerkenswert sind die „Unplausilitäten“, die zur Aufdeckung des Fehlers führen, weil sie eher an „Mengenlehre für Anfänger“ statt an Professionalität erinnern. Und das geht so: In Stuttgart standen genau genommen zwei Feinstaubmessgeräte nebeneinander, eines für Partikel kleiner als 2,5 Mikrometer (PM 2,5) und eines für Partikel kleiner als 10 Mikrometer (PM 10). Bei der Analyse stellte sich nun heraus, dass die 2,5er-Werte höher als die 10er-Werte sind – und das geht nicht. Wer in der Schule bei Mengenlehre aufgepasst hat, weiß, dass die Menge aller Partikel mit unter 2,5 Mikrometer kleiner oder gleich der Menge aller Partikel mit unter 10 Mikrometer sein muss – weil 2,5 kleiner als 10 ist. Entweder sind die Messergebnisse also manipuliert oder es gibt einen anderen bis dato unbekannten Grund, mutmaßlich den Pollenflug.

Im Ergebnis dürfte dies bedeuten, dass die für Fahrverbote bedeutsame Anzahl der Tage, an denen der EU-Grenzwert für Feinstaub von 50 Mikrogramm je Kubikmeter Luft überschritten wurde, niedriger ist als den Gerichten vorgelegt. 35 Tage im Jahr dürfen nicht überschritten werden.

E-Mobilität

E-Autos sind sauberer, nachhaltiger und umweltschonender, selbstfahrende Autos (Autonome) sicherer und bequemer. Das sind Hauptargumente für die neue Generation der Mobilität. Das gilt allerdings nur, wenn man den Blick auf den Einsatz der Fahrzeuge beschränkt und ihre Produktion außer acht lässt. Wird die Herstellung der Batterien und der immer aufwändigeren Elektronik ebenfalls in Betracht gezogen, ergibt sich ein deutlich anderes Bild. Für beides werden nämlich Rohstoffe herangezogen, die endlich sind, häufig unter umweltverachtenden Bedingungen abgebaut werden und die neue Abhängigkeiten schaffen.

Allein die Förderung der für die Batterien notwendigen Rohstoffe ist alles anderes als nachhaltig oder umweltschonend. Das Elend bei der Förderung von Lithium und Kobalt steht beispielhaft dafür, wie „dreckig“ die Elektromobilität in Wirklichkeit ist. Das gilt sowohl für die Demokratische Republik Kongo (DR Kongo), in der etwa zwei Drittel der Weltproduktion an Kobalt gewonnen wird, als auch für die neuen Fabriken in Chile und anderen südamerikanischen Ländern, die in ökologisch sensiblen Regionen wie Pilze aus Boden schießen. Für die Batterien eines E-Autos werden zwischen 10 und 15 Kilogramm Kobalt benötigt.

Im Kongo sind es in erster Linie die großen Minen der internationalen Rohstoffkonzerne, in denen 80 Prozent des Kobalts abgebaut wird. Aber rund 20 Prozent entfällt auf illegale Kleinminen, dem sogenannten „artisanalen Bergbau". In Schächten, die so schmal sind, dass nur Kinder durchpassen, teilweise bis zu 45 Metern tief in der Erde, wird der Rohstoff gewonnen, die die E-Autos antreibt. Viele der Minen und vor allem der Handel mit Kobalt liegen zu weiten Teilen in den Händen chinesischer Firmen, die klägliche Arbeitsbedingungen vor Ort schaffen. Auf Frachtschiffen wird das abgebaute Kobalterz zur Weiterverarbeitung nach China verbracht. Schließlich hat sich China das erklärte Ziel gesetzt, bis 2049 – also Hundert Jahre nach der Ausrufung der Volksrepublik China – die technologische Führerschaft der Welt zu übernehmen, noch vor den derzeit führenden USA. Elektronik spielt dabei eine maßgebliche Rolle, und natürlich auch die E-Mobilität. So ist es verständlich, dass die chinesische Regierung bestrebt ist, sich die gesamte Lieferkette für Kobalt und übrigens auch alle anderen für die E-Produktion benötigten Rohstoffe zu sichern.[71]

In Chile wird das Lithium großflächig in Salzseen, sogenannten Salares, gewonnen. Das Absinken des Grundwasserspiegels, die Bedrohung ganzer Tierarten wie den Andenflamingos und die Zerstörung der Landwirtschaft der indigenen Gemeinschaften an den Ufern der Salzseen fallen der Elektromobilität zum Opfer.[72]

Die Schattenseiten der Elektromobilität werden in der politischen Diskussion in Deutschland wenig beleuchtet. Würde man es tun, käme heraus, dass der wahre Preis der Elektromobilität von anderen Menschen in anderen Ländern getragen wird. Denn es gibt über Kobalt und Lithium hinaus noch weitere Rohstoffe, die unter verheerenden Bedingungen abgebaut werden, weil sie für die moderne Industriegesellschaft von essenzieller Bedeutung sind. Dazu gehören beispielsweise Tantal (Australien, Brasilien, Kanada, Zentralafrika; Stahl, Smartphones, Stromspeicher) und seltene Erden (China, Mongolei, Grönland, Australien, Kanada, Brasilien, Malaysia; Stahl, Batterien, Elektromotoren, Energiesparlampen, Leuchtdioden, Brennstoffzellen und vieles mehr). Übrigens ist „seltene Erden" einer der irreführendsten Begriffe überhaupt: Es handelt sich dabei keineswegs um Erde, sondern um Weichmetalle. Sie sind auch nicht selten, sondern überall in der Erdkruste vorhanden. Allerdings gibt es nur wenige Lagerstätten auf der Welt, wo sie so konzentriert auftreten, dass sich der Abbau wirtschaftlich lohnt. Es gibt kein modernes Hightechprodukt ohne seltene Erden. Die Leichtmetalle Scandium und Yttrium, Lathan oder die 14 Elemente der Lathanoide (Lathanähnliche) Cer, Praseodym, Neodym, Promethium, Samarium, Europium, Gadolinium, Terbium, Dysprosium, Holmium, Erbium, Thulium, Ytterbium, Lutetium... irgendetwas aus der Gruppe der Seltenen Erden befindet sich in beinahe allem, was den modernen Menschen der westlichen Welt umgibt. Geopolitisch ist es also nachvollziehbar, dass sich China ein Quasi-Monopol auf seltene Erden gesichert hat. Das war insofern leicht, als die mit Abstand größten Vorkommen auf chinesischem Boden liegen. Dies zusammen mit menschenunwürdigen und umweltverachtenden Abbaubedingungen hat China genutzt, um ein Monopol für Seltene Erden aufzubauen. Heute stammt rund 90 Prozent aller weltweit in Industrieprodukten eingesetzten Seltenen Erden aus China. Wer über die Rettung und Schonung natürlicher Ressourcen sinniert, muss wissen, dass dort die giftigen Abfallprodukte bei der Herstellung der einzelnen Elemente nicht fachgerecht entsorgt werden und auch die Luft bei der Verhüttung dramatisch belastet wird. Für politische Entscheidungen muss man sich klarmachen, dass die Abkehr vom Verbrennungsmotor zwar unsere Abhängigkeit vom Öl verringert, aber im Gegenzug die Abhängigkeit von der Volksrepublik China – hier lässt es sich im Unterschied zum Öl tatsächlich auf einen einzelnen Staat reduzieren – dramatisch erhöht.

E-Batterien belasten die Umwelt

Die Elektrifizierung der Fahrzeugwelt mit Batterien sieht sich zwei schweren Vorwürfen ausgesetzt: Die Batterieproduktion belastet die Umwelt erheblich und sie verbraucht seltene Rohstoffe, die es schon nicht mehr geben wird. Beide Anschuldigungen sind nicht von der Hand zu weisen.

Die Autobatterien benötigen Spezialrohstoffe wie Kobalt, Lithium, Grafit, Nickel und Mangan. Die meisten dieser Rohstoffe werden nur in geringen Mengen abgebaut, häufig unter menschenunwürdigen Umständen in afrikanischen Minen. Zudem droht Lithium bei weiter steigendem Verbrauch schon im Jahr 2050 knapp zu werden.

Die Ökobilanz der E-Wagen sieht nicht viel besser aus als ihre Rohstoffbilanz. So entstehen bei der Herstellung einer Kilowattstunde Speicherkapazität zwischen 150 und 200 Kilo Kohlenstoffdioxid. Damit sich die Umweltbilanz auch nur ausgleicht, müsste das E-Auto also mindestens acht Jahre in Betrieb sein. Nach dieser Zeit hat die Batterie allerdings längst erheblich an Kapazität eingebüßt, nämlich zwischen 20 und 30 Prozent; entsprechend geringer ist auch die Reichweite des Wagens.

Es stellt sich zudem die Frage, wohin mit der Batterie, wenn diese nach einigen Jahren nur noch 70 oder 80 Prozent ihrer ursprünglichen Kapazität aufweist. Die Industrie spricht von einem „Second Life“, bei dem die Altbatterien zu großem Stromspeicher zusammengeschaltet werden. So arbeitet BMW beispielsweise mit dem Zulieferer Bosch und dem Energieversorger Vattenfall zusammen, um derartige Altbatteriespeicher zu bauen. Die Nachfrage nach diesen Speicherblöcken dürfte steigen, weil sie ideal als Pufferspeicher für regenerative Energien geeignet sind. Beispiel Windkraft: Bei starkem Wind erzeugte Überkapazitäten werden in dem Batteriespeicher zwischengespeichert und bei Windstille zu einem späteren Zeitpunkt ins öffentliche Stromnetz eingespeist.

Es sei angemerkt, dass diese Betrachtungen durchweg von einem E-Auto mit Stromversorgung aus der Batterie ausgehen. Deutlich besser stellt sich die Umweltbilanz dar, wenn der Elektromotor mit einer Brennstoffzelle angetrieben wird.

Wasserstoff gehört die Zukunft

Die Nachteile der Batterie-basierten Elektromobilität könnten der Brennstoffzellentechnologie zum Durchbruch verhelfen.

Obgleich sie jahrelang ein Nischendasein geführt hat, sind ihre Vorteile unübersehbar. In einer Brennstoffzelle entsteht bei einer chemischen Reaktion von Wasserstoff und Sauerstoff elektrische Energie. Der Strom treibt einen Elektromotor an, überschüssige Energie wird gespeichert. Es wird zwar auch eine Batterie benötigt, für den Systemstart, um Spitzenlasten auszugleichen und Bremsenergie zu speichern, doch diese ist viel kleiner als bei einem Wagen, der ausschließlich mit Batterien fährt.

Betanken lässt sich ein Wasserstoffauto so schnell wie ein Benziner oder ein Diesel. Hierbei werden einige Kilo Wasserstoff mit einem Druck von 700 Bar in den Fahrzeugtank gepresst. Die Tankinfrastruktur soll bis 2023 rund 400 Wasserstofftankstellen in Deutschland umfassen, so die Planung eines Gemeinschaftsunternehmens von Air Liquide, Daimler, Linde, OMV, Shell und Total mit dem Namen H2 Mobility.

Doch die Sache ist nicht ganz so einfach, wie es auf den ersten Blick scheint. Denn das Verflüssigen des Wasserstoffs, um ihn überhaupt zur Tankstelle bringen zu können, ist energieaufwändig und bedarf beinahe eines Drittels seines Energiegehalts. Das Verdichten auf 700 Bar an der Tankstelle erfordert noch mal bis zu 15 Prozent. Hinzu kommen Verluste bei einer längeren Lagerung.

Zudem stellt sich natürlich die Frage, woher der Wasserstoff überhaupt kommt. Herkömmlicherweise fällt er in der petrochemischen Industrie als Nebenprodukt an. Da man für ihn bislang keine Verwendung hatte, wurde er häufig schlichtweg abgefackelt. Ferner lässt er sich durch Reformation aus Erd- oder Biogas herstellen. CO2-neutral ist keines dieser Verfahren. „Grüner" Wasserstoff lässt sich durch Elektrolyse aus Windkraft und Photovoltaik gewinnen. Es ist zweifelsohne die umweltfreundlichste Methode, doch die Elektrolyse kommt bestenfalls auf einen Wirkungsgrad von 70 Prozent. Hinzu kommt der Energiebedarf für die Kompression und Verflüssigung des gewonnenen Wasserstoffs, um ihn zur Tankstelle transportieren zu können.

Die Hürden gelten als ökologisch, technologisch und ökonomisch überwindbar. Das Forschungszentrum Jülich hat eine Studie vorgelegt, der zufolge die Infrastrukturkosten für den Brennstoffzellenantrieb schon bei einigen Millionen Fahrzeugen auf den Straßen niedriger sein werden als der Betrieb eines Ladestationsnetzes für Batteriewagen. In der Technologie steckt noch viel Verbesserungspotenzial, von der Produktions- und Logistikkette bis zur Optimierung der Umweltverträglichkeit. So ist Linde schon seit Jahren dabei, die Speichertechnologien für Wasserstoff deutlich zu verbessern und Daimler ist es gelungen, den Platinanteil in Brennstoffzellen um 90 Prozent zu reduzieren.

90 europäische Städte haben angekündigt, bis 2025 rund 1,8 Milliarden Euro in Wasserstoffmobilität zu investieren. Der koreanische Konzern Hyundai will bis 2030 rund sechs Milliarden Euro in die Wasserstofftechnologie investieren. Dazu gehört der Aufbau von Produktionskapazitäten für eine halbe Million Fahrzeuge jährlich.[73]

Dennoch scheint der Siegeszug der Elektromobilität aus dem Blickwinkel des Jahres 2022 heraus unaufhaltsam. Konzerne wie VW setzen ausschließlich auf E-Autos, der E-Pionier Tesla treibt weiterhin die gesamte Automobilbranche vor sich her und es sind immense Ladeinfrastrukturen für E-Cars im Aufbau begriffen. Schont diese Entwicklung unsere Umwelt? Auf jeden Fall in unseren Städten und auf unseren Straßen in den westlichen Industrienationen. Wird die E-Mobilität mit künftigen selbstfahrenden Autos maßgeblich zur Klimarettung beitragen? Darauf gibt es schlichtweg unterschiedliche Antworten, genaues weiß man nicht. Der gewaltige Ressourcenverbrauch durch die Batterieherstellung, die Entwicklung und Produktion der Chips sowie vor allem auch die enormen Computerkapazitäten in immer größer dimensionierten Rechenzentren, die für die neue smarte Mobilität benötigt werden, lassen keine genauen Berechnungen zu.

Die Mahner und Warner

Umweltverschmutzung war bereits in der Antike ein drängendes Problem. So stellte die Verunreinigung von Wasser die meisten Städte des ehemaligen Römischen Reiches vor schwer lösbare Herausforderungen. Die Schuldigen waren damals übrigens auch leicht auszumachen: die umherziehenden Heere, die häufig über einen längeren Zeitraum an einem Ort lagerten, genauer gesagt, an einem Fluss. Tausende von Männern, die ihren alltäglichen Körperbedürfnissen nachgingen. Zudem mussten Pferde und andere Tiere jeden Tag gefüttert, gewaschen und gepflegt werden. Militärlager waren damals geradezu der Inbegriff der Umweltverschmutzung.[74]

Doch obgleich sich die Menschen der offensichtlich verheerenden Wirkung bewusst waren, unternahmen sie schon damals wenig dagegen; die Parallele zur heutigen Zeit drängt sich auf. Um ein Beispiel aus der Antike zu nennen: Teilweise verboten zwar Inschriften an Brunnen den Menschen, dort ihre Kleider zu waschen oder ihre Tiere zu tränken. Aber es war über lange Zeit hinweg üblich, Bleigefäße für den Transport des Brunnenwassers zu verwenden, obwohl man damals bereits wusste, dass das Metall giftig ist und der menschliche Organismus damit besser nicht in Berührung kommen sollte.

Menschliche Exkremente waren im Altertum augenscheinlich ein häufiger Auslöser für die Verunreinigung des Wassers und der Landschaft rund um die Städte. So lautete beispielsweise eine äußerst explizite Inschrift auf einem Tor zur griechischen Stadt Ephesos „Hier darf man weder kacken noch pissen!" mit dem Hinweis, dass jeder, der dagegen verstößt, den Zorn der Stadtgöttin Artemis zu erwarten hätte. Mit der Rache der Götter zu drohen war damals ein probates Mittel gegen die Umweltverschmutzung.

Im Mittelalter diente vor allem der Geruchssinn als Indikator für die Luftqualität und damit die Umweltverschmutzung generell. Die Bevölkerung wuchs stetig, die Städte wurden immer größer und damit auch das damalige Umweltproblem. London stand beispielhaft für die Situation im späten Mittelalter.

Der Himmel über London

Historisch einmalig früh gingen die Londoner dazu über, Schwemmkohle statt Holz zu verfeuern, und zwar flächendeckend in der ganzen Stadt. Dazu kamen die Ausdünstungen von Viehmärkten und Schlachtungen, Klärgruben und Unrat. Man mag sich den Gestank eben sowenig wie den Himmel über London vorstellen. Ob der Begriff der „Luft wie zum schneiden" aus dem damaligen London stammt, ist zwar nicht überliefert, aber gepasst hätte er wohl allemal.[75] Auf jeden Fall fürchteten die Zeitgenossen des alten London zwar nicht den Untergang der Erde, wie wir heute, sehr wohl aber ihren eigenen Untergang.

Die Menschen gingen damals davon aus, dass nicht nur ihr Eigentum, sondern auch ihre Körper vom ‚smoke' zerfressen werden konnten. Bevor die Wissenschaftler im 19. Jahrhundert Bakterien als Auslöser von Krankheiten entdeckten, galt die

Luft selbst als potenziell gefährlich. Man glaubte, dass alles sogenannte Miasmen ausdünste: Lebewesen, tote Materie, sogar der Erdboden selbst. Und dass Menschen diese Miasmen nicht nur einatmeten, sondern auch über ihre Haut aufnahmen. War die Luft so stark verschmutzt, dass sie „umkippte", entstand in der damaligen Vorstellung eine unsichtbare Gefahr, der man sich kaum entziehen konnte.

Das Gefühl, dass eine völlig verdreckte und verschmutzte Umwelt schlecht für uns Menschen ist, bedarf also scheinbar keiner wissenschaftlichen Untermauerung, sondern steckt losgelöst von irgendeiner „Beweisführung" in unseren Köpfen. Während der Industrialisierung wurde er allerdings lange Zeit vernachlässigt und vom wirtschaftlichen Konzept der Gewinnmaximierung überlagert.

Mit der Industrialisierung stieg der Energieverbrauch besonders ab Anfang des 19. Jahrhunderts sprunghaft an. Die erhöhte Produktion von Eisen und Stahl sowie der Bau von Maschinen erforderte enorme Mengen an Kohle, deren Verbrennung die Luft stark belastete. Vor allem in den Ballungszentren konnte man kaum mehr atmen, die Luft war voller Rauch, giftige Schwefeldioxidverbindungen führten zu einem Waldsterben größeren Ausmaßes. Auch Gewässern und Böden wurden während der Industrialisierung dauerhafte Schäden zugefügt. Klärwasser, giftige Chemikalien, Düngemittel und andere industrielle Abwässer landeten in den Flüssen und verseuchten sie so stark, dass das oft gefärbte Wasser ungenießbar wurde. Rund um Industrieansiedlungen herum wurden die Böden mit

Blei, Cadmium, Quecksilber und anderen Giften verseucht, Altlasten aus den Betrieben taten ein Übriges.[76]

Wir, die Menschheit, hätten also mehr als 100 Jahre Zeit gehabt, uns dem Schutz der Umwelt anzunehmen und dem heutigen katastrophalen Zustand der Erde vorzubeugen. Doch im globalen Maßstab, auf der Ebene der Vereinten Nationen, haben wir damit erst vor rund zehn Jahren angefangen.

Club of Rome

Im Jahre 2015 rückte die UNO mit ihrer Agenda 2030 das Thema Nachhaltigkeit in den Fokus. Die sogenannten Sustainable Development Goals (SDGs) fassten in 17 Punkten zusammen, wie die Welt eine auf Nachhaltigkeit gerichtete Entwicklung nehmen kann. Das Thema war zu dieser Zeit längst nicht mehr neu. Schon mehr als 50 Jahren zuvor hatte der am 7. April 1968 gegründete Club of Rome in seinem Bestseller „Die Grenzen des Wachstums“ deutlich gemacht, warum Nachhaltigkeit nicht nur sinnvoll, sondern für das Überleben der Menschheit unabdingbar ist. Der Club of Rome wurde damit zum Vorreiter einer weltweiten Umweltbewegung.

Ein neuerer Bericht, der 2018 zum 50-jährigen Jubiläum des Club of Rome vorgestellt wurde, trug den Titel „Wir sind dran. Was wir ändern müssen, wenn wir bleiben wollen. Eine neue Aufklärung für eine volle Welt.” In dem von mehr als 30 Mitgliedern des Club of Rome verfassten Werk wurde eine positive und realistische Agenda für die Zukunft präsentiert. Allerdings hat der Club of Rome zwischenzeitlich an Glanz verloren, so dass die Sustainable Development Goals der Vereinten Nationen seit 2015 als ein moralischer Kompass für viele Länder und Unternehmen heller strahlen.

Fridays for Future

Die weltweite Sorge um das Klima seit 2019 stellt ein typisches Beispiel für ein Zukunftsproblem dar, das erfahrungsgemäß vor allem junge Menschen anzieht. Zukunftsprobleme gewinnen an Fahrt, wenn die Menschen den Eindruck haben, dass ihre heutigen Probleme vergleichsweise gering sind. Die Jugendlichen fühlen sich sicher, sozial abgesichert, aber auch nicht von Krieg bedroht. Es ist kein Zufall, dass die von der schwedischen Schülerin Greta Thunberg angestoßene „Fridays for Future"-Bewegung in erster Linie von gleichgesinnten Gymnasiasten und Studenten getragen wird, und der Zuspruch von Politikern aus aller Welt kommt, die sich persönlich abgesichert sehen und für sich selbst optimistisch in die Zukunft blicken.

In der Vergangenheit waren ähnliche Phänomene schon einmal zu beobachten, nämlich bei der Friedensbewegung in den 1970er Jahren und den Anti-Atomkraft-Protesten in den 1980er Jahren. Es ist sicherlich kein Zufall, dass sich damals die Grünen als politische Partei gegründet haben und seit 2019 erneut kräftigen Zulauf erhalten, bis hin zur Regierungsbeteiligung seit 2021.

Wie damals beim Frieden und der Atomkraft wird auch beim Thema Umwelt die Auseinandersetzung vor allem ideologisch geführt. Gerade dies macht es für die automobile Zukunft so schwierig, zwischen der ideologisch-gesellschaftlich-politischen Willensbildung, der technischen Machbarkeit und nicht zuletzt der kunden-demokratischen Abstimmung durch die Käufer einen Weg zu finden, der zudem noch gute Gewinne verspricht.

Gretas Kinderkreuzzug

Die jugendliche Klimamahnerin Greta Thunberg ruft Parallelen zum Kinderkreuzzug im Jahr 1212 hervor. Damals waren Tausende von Jugendlichen aus Deutschland und Frankreich nach Jerusalem aufgebrochen, um die Heilige Stadt von den islamisierten Völkern des Orients zu befreien. Die Führung hatte damals ein 15jähriger Junge namens Stephan aus dem französischen Dorf Cloyes übernommen, den historische Quellen als „redegewandten Seher" bezeichneten.

Die jungen Leute des 13. Jahrhunderts rückten statt mit Schwertern mit Posaunen los, um in Erinnerung an die Einnahme von Jericho dem Islam sozusagen den Marsch zu blasen. Damals war ebenso wie heute die „Unschuld der Jugend" die stärkste Waffe. Ähnlich wie Greta vom Papst bis zur UNO von allen wohlwollend gelobt wurde, stellten sich vor 800 Jahren vom König bis zu Papst Innozenz III alle hinter Stephan. Sich einem Kinderkreuzzug für das Gute entgegenzustellen führt zu nichts, wussten die politischen Führer damals wie heute.[77]

Der Charme der kindlichen Naivität und Unschuld wiegt höher als alle Vernunft.

Dunning-Kruger-Effekt

„So viel Glauben bei so wenig Wissen“ war ein Vorwurf, der der Umweltbewegung Fridays for Future immer und immer wieder gemacht wurde. Die „Umweltjünger“ seien beseelt von dem Gedanken, die letzten Retter des Planeten zu sein, dass sie taub für wissenschaftliche Fakten seien. Es erinnert an den sogenannten Dunning-Kruger-Effekt; man versteht darunter die systematische fehlerhafte Neigung im Selbstverständnis inkompetenter Menschen, das eigene Wissen und Können zu überschätzen. Vereinfacht gesagt haben die beiden Wissenschaftler David Dunning und Justin Kruger 1999 folgende These, die viele Menschen intuitiv schon immer ahnten, belegt: Je weniger man weiß, desto größer ist die Überzeugung, dass man recht hat. „Wenn jemand inkompetent ist, dann kann er nicht wissen, dass er inkompetent ist. Die Fähigkeiten, die man braucht, um eine richtige Lösung zu finden, sind genau jene Fähigkeiten, die man braucht, um eine Lösung als richtig zu erkennen“, fasste David Dunning die Erkenntnis zusammen.

Der Dunning-Kruger-Effekt ist übrigens keineswegs nur in der Klimadebatte zu verzeichnen. Er war ebenso beispielsweise in der Flüchtlingskrise seit 2015 und der Pandemie seit 2020 zu beobachten.

Extinction Rebellion

Die weltweite Klimastreikbewegung „Fridays for Future“, ursprünglich als „Skolstreij för Klimatet“ von der damals 15-jährigen Schülerin Greta Thurnberg gestartet, hat binnen weniger Jahre beachtliche Ausmaße angenommen. Zunächst ging es darum, sich für schnelle und effiziente Klimaschutzmaßnahmen einzusetzen, um das auf der Weltklimakonferenz 2015 im Weltklimaabkommen beschlossene 1,5-Grad-Ziel der Vereinten Nationen noch einhalten zu können. Rasch entwickelte sich die Bewegung zu einer Art aktiver globaler Mahnwache für das Klima. Am ersten weltweit organisierten Klimastreik von „Fridays for Future" am 15. März 2019 gingen fast 1,8 Millionen Menschen auf die Straße. „Fridays for Future" sieht sich selbst als eine basisdemokratische Graswurzelbewegung, also sozusagen ein Aufstand aus dem Volk gegen eine klima-vernichtende Regierungspolitik.

Während sich „Fridays for Future" auf Demonstationen beschränkt, geht die Bewegung „Extinction Rebellion" (deutsch „Rebellion gegen das Aussterben") deutlich weiter, indem sie auf sozialen Ungehorsam setzt. XR, wie sich „Extinction Rebellion" gerne abkürzt, war 2018 in Großbritannien entstanden und 2019 schon in rund 50 Ländern mit sogenannten Ortsgruppen präsent. Die Expansion war insofern leicht, als im Grunde jedermann im Internet per Mausklick eine Ortsgruppe gründen kann. Weltweit bekannt wurde XR im Oktober 2019 mit Blockadeaufrufen in mehr als 60 Großstädten weltweit. Unter dem Motto „Aufstehen gegen das Aussterben" rief XR dazu auf, die Metropolen „gewaltfrei, friedlich, kreativ, bunt und entschlossen" lahm zu legen. Die Proteste sollten fortgesetzt werden, bis die Regierungen „angemessen" darauf reagieren. In einer Art selbstgefühlten Notstand setzte sich die Bewegung über demokratische Strukturen hinweg: „Reguläre politische Mittel wie

Demos oder Wahlen reichen nicht aus", ließ „Extinction Rebellion" die Welt in einem Manifest wissen.[78]

Der Initiator von Extinction Rebellion, der Brite Roger Hallam, bekannte sich in einem Interview mit der BBC am 16. August 2019 zu einer politisch-gesellschaftlichen Revolution. Im Folgenden sind seine Kernaussagen zu lesen (teilweise mit Rückfragen des BBC-Reporters Stephen Sackur):[79]

- Millionen von Menschen auf der ganzen Welt haben erkannt, dass wir an einen Punkt gekommen sind, an dem etwas Drastisches geschehen muss. Aber es passiert nichts. Das bedeutet, dass wir anfangen müssen, das Gesetz zu brechen, um Veränderungen herbeizuführen.

- Es gibt eine massive Lüge, dass etwas gegen den Klimawandel passiert. Es passiert nichts. Die Regierungen lügen seit 30 Jahren und die Elite lügt und die Experten lügen.

- Die Menschen sind sehr wütend, die Menschen wollen nicht, dass ihre Kinder sterben. Es gibt keine Worte, um zu beschreiben, wie ernst das ist.

- Tatsache ist, dass wir in den nächsten zehn Jahren mit Massenhunger und dem möglichen Aussterben der menschlichen Rasse konfrontiert sind.

- Wir sagen, dass es mit dieser Zivilisation vorbei ist. Der Grund, warum es vorbei ist, ist die reine Physik. Wir vertreten weder einen politischen noch einen ideologischen

Standpunkt, sondern sagen einfach, dass die wissenschaftlichen Ergebnisse real sind. Der Grund für den bevorstehenden Massenhunger ist der Klimawandel auf der ganzen Welt.

- Extinction Rebellion geht es um die Wahrheit. Und die Wahrheit ist, dass wir uns in einer schrecklichen Situation befinden. Sie wurde von den Eliten und Regierungen hervorgerufen, die die Menschen belogen und die Menschen über 30 Jahre lang irregeführt haben.

- Wenn der Arzt sagt: „Du hast Krebs. Wenn Du wie gewohnt weitermachst, wirst Du definitiv sterben. Oder Du kannst versuchen, Dich zu ändern, aber Du könntest trotzdem sterben.“ Das sind jetzt die Optionen für die menschliche Rasse.

- Reporter: Ich glaube nicht, dass die Wissenschaft sagt, dass wir alle in wenigen Jahren sterben werden.

- Roger Hallam: Die Wissenschaft sagt, wenn wir die Weltwirtschaft nicht innerhalb der nächsten zehn Jahre grundlegend verändern, steuern wir auf eine Katastrophe zu. Das bedeutet, dass wir auf dem Weg zu Massenhunger sind.

- Das kapitalistische System wird von sich selbst gestürzt werden. Es frisst sich selbst. Es wird sich innerhalb der nächsten zehn Jahre selbst zerstören, weil es das Klima zerstört.

- Reporter: Sehen Sie sich selbst als Revolutionär?

- Roger Hallam: Es kommt sowieso eine Revolution.

- Die Öffentlichkeit ist sich nun bewusst, dass die Eliten sie in den Tod führen, denn das ist es, was die Wissenschaft sagt. Die Menschen, die dieses Land verraten, sind die Eliten, weil sie sich weigern, die Realität zu akzeptieren. Und deshalb wird es in den nächsten ein oder zwei Jahren zu massiven sozialen Unruhen kommen.

- Menschen werden getötet werden. Das ist Teil des Prozesses des politischen Wandels.

- Teenager scheißen sich die Hosen voll, was mit ihrer Zukunft passiert. Sie haben noch 50, 60, 70 Jahre zu leben. Dann könnte es nur noch eine Milliarde Menschen geben. Das sind sechs Milliarden Menschen, die an Hunger gestorben sein werden. Das Ausmaß ist unvorstellbar.

- Die Eliten, die BBC und die konventionellen Medien verstehen einfach nicht, was passiert. Journalisten verstehen es nicht, weil sie mit dem Thema emotional nicht verbunden sind. Ich spreche davon, dass in diesem Jahrhundert sechs Milliarden Menschen getötet werden. Das ist es, was die Wissenschaft voraussagt. Das erfordert absolut verzweifelte Maßnahmen, um es zu stoppen. Und es wird schmerzhaft sein.

- Tatsache ist, dass uns die Luftfahrtindustrie und die gesamte Kohlenstoffwirtschaft mit all ihren Aktivitäten in die Zerstörung führen. Und es gibt Menschen bei Extinction Rebellion, die aus Gewissensgründen dagegen vorgehen werden.

- Wenn die Eliten nicht auf gewaltfreie Aktionen reagieren, dann wissen wir, was als nächstes kommt: Andere Personen als Extinction Rebellion werden Gewalt anwenden. Das ist es, was auf uns zukommt.

- Wenn man den Bürgern eines Landes sagt, dass die Regierung ihren Tod herbeiführt, dann kann man mit einer Rebellion rechnen.

- Wenn die Menschen die Nase voll haben, werden sie Opfer bringen, um Veränderungen herbeizuführen. Das ist der effektivste Weg, um einen schnellen Wandel in dieser Gesellschaft zu bewirken: Massenbeteiligung am zivilen Ungehorsam.

- Das Ausmaß der Wut in den Ländern nimmt exponentiell zu. Die kritische Masse ist noch nicht erreicht, aber sehr bald wird es soweit sein. Die Intensität der Wut wird die Eliten und die Regierungen schocken. Das wird schnell gehen. Ich bin hier, um zu sagen, dass dies so kommen wird. Das ist keine politische Botschaft, sondern eine wissenschaftliche Analyse. Es ist eine wissenschaftliche Realität.

Man muss wohl feststellen, dass das Gegenteil der Fall ist: Das stellt keine Wissenschaft dar, sondern pure Politik. In diesem Lichte betrachtet agiert die jugendliche Greta Thurnberg wie eine Art medientaugliche Marionette als Vorreiter einer gesellschaftlichen Revolution, die von Machern im Hintergrund wie Roger Hallam getrieben wird. Die Linie vom „Schulstreik für das Klima“ über den „zivilen Ungehorsam“ bis zum gewalttätigen Hinwegfegen demokratischer Strukturen ist jedenfalls gezeichnet. Ob wir der Linie folgen, liegt an uns.

Indes zeigt ein kurzer Blick zurück, dass zumindest Deutschland schon eine ganze Reihe von Protestwellen für die Umwelt überstanden hat. Vor allem die Anti-Atomkraft-Bewegungen haben sich immer wieder in zivilem Ungehorsam geübt. In den 1980ern etwa demonstrierten Zehntausende von Menschen jahrelang gegen den Bau einer Wiederaufarbeitungsanlage für atomare Brennstoffe in Wackersdorf, verbunden mit schweren Ausschreitungen, Hunderten von Verletzten und mehreren Toten. Daran gemessen sind die Protestaktionen von Extinction Rebellion bislang eher als harmlos einzustufen. Ob es bei dieser Harmlosigkeit bleibt oder das krude und Gewalt rechtfertigende Manifest des Roger Hallam die Oberhand gewinnt, bleibt abzuwarten.

Corona als Chance für die Umwelt

Während der Coronavirus-Pandemie kam vor allem aus Industriekreisen häufig die Forderung auf, den Umweltschutz vorerst zurückzustellen und der wirtschaftlichen Erholung die oberste Priorität einzuräumen. Doch diesem Industriewunsch erteilten die damalige Bundeskanzlerin Angela Merkel und

UNO-Generalsekretär António Guterres beim *Petersberger Klimadialog* 2020 mitten in der Pandemie eine klare Absage. Das Ziel, die EU bis 2050 in eine klimaneutrale Zone zu verwandeln, blieb über die Corona-Krise hinaus unverändert bestehen.

So legte die EU-Kommission im März 2020 einen Entwurf für ein Klimagesetz vor. Es umfasste ein ehrgeizigeres Klimaziel von bis zu 55 Prozent CO2-Minderung bis 2030. Bis dato hatte die EU bis 2030 nur 40 Prozent ihrer Treibhausgase gegenüber 1990 einsparen wollen. Eigentlich hätten laut UNO-Fahrplan alle 195 Länder des Weltklimavertrages 2020 ihre Ziele nachbessern müssen. Doch die Pandemie diente vielen Regierungen als Ausrede. In der EU versuchten einige Länder wie Tschechien und Polen unverhohlen, den „Green Deal" der Europäischen Union zu demontieren.[80]

Greta mutierte zur Corona-Expertin

Erstaunen rief der US-Fernsehsender CNN hervor, als er mitten in der Pandemie 2020 die Umweltaktivistin Greta Thunberg als Corona-Expertin präsentierte. Auf dem Bildschirm war sie neben hochrangigen Fachleuten aufgerufen, sich vor einem Millionenpublikum zu äußern. Immerhin spielte sie sich nicht als Virologin auf, sondern mahnte lediglich an, dass Kinder in einer globalen Krise besonders hart betroffen seien und daher der Unterstützung bedüften. Dennoch brachte die Corona-Präsenz Greta Thunberg überwiegend Spott und Hähme ein. Die US-Zeitung *Washington Examiner* nannte es eine „meisterhaft inszenierte Parodie".[81] Ihrer Glaubwürdigkeit als Sprecherin für das Umweltthema hat Greta Thurnberg mit der Mutation zur Corona-Expertin in der Pandemie sicherlich keinen Gefallen getan.

Blackrock macht auf Umweltschutz

„Den Bock zum Gärtner machen" ist ein geflügeltes Wort, wenn man den absolut Falschen mit einer Aufgabe betraut. Genau daran haben sich viele gemahnt gefühlt, als die Europäische Union 2020 die weltweit größte Investmentverwaltungsgesellschaft Blackrock (7,43 Billionen Dollar Vermögen unter Management) als Berater für Umweltfragen im Bankensektor engagierte. Der Interessenskonflikt schien vorprogrammiert, weil Blackrock weitreichende eigene finanzielle Interessen hat, die von Umweltregularien der EU unmittelbar betroffen sind. Doch Blackrock hatte nach Angaben der EU mit dem besten Angebot von acht Bewerbern für eine Studie durchgesetzt, wie die Europäische Union die ESG-Faktoren *Environment* (Umwelt), *Social* (gesellschaftliche Verantwortung) und *Governance* (gesetzliche Vorschriften) in ihre Bankenaufsicht integrieren könnte. Der Deal war an Merkwürdigkeit kaum zu überbieten, wenn man bedenkt, dass Blackrock Stand 2019 Anteile an Konzernen, die ihr Geld mit fossilen Brennstoffen verdienen, im Wert von 87,3 Milliarden Dollar kontrollierte. Blackrock gehörte zu den drei führenden Investoren bei allen acht weltweit größten Ölgesellschaften und war unter den Top 10 der Investorenriege in den zwölf wichtigsten systemrelevanten Banken der Welt. Ausgerechnet diesen Finanzgiganten zu beauftragen, für die EU Vorschläge zur umwelt- und gesellschaftsverträglichen Umgestaltung des Finanzsektors zu unterbreiten, war ungefähr so, als ob man den Fuchs beauftragt, das Sicherheitssystem für den Hühnerstall vorzuschlagen.

Immerhin muss man Blackrock zugute halten, dass der Finanzkonzern seit 2020 verstärkt eine umweltfreundliche Linie eingeschlagen hat. So verkündete Blackrocks Chief Executive Officer Larry Fink schon im Januar 2020, dass sich der Vermögensverwalter aus allen Unternehmen zurückziehen werde, die 25 Prozent oder mehr ihres Umsatzes im Kohlegeschäft erzielen. Zudem wolle Blackrock seine Aktionärsstimme nutzen, um Unternehmen von umweltschädlichen Projekten abzubringen.[82]

Der Ruf aus der Unternehmenswelt wird indes immer lauter. So forderten 2021 knapp 70 Konzerne von Adidas bis Vattenfall in der Unternehmerinitiative „Stiftung 2 Grad“ zu mehr Klimaschutz auf. In einem Aufruf mahnten die Firmen gemeinsam: „Bis 2030 müssen mindestens 70 Prozent des steigenden deutschen Stromverbrauchs durch erneuerbare Energien gedeckt werden.“ Bisher sind es weniger als 50 Prozent. „Die installierte Kapazität von Windkraft an Land und auf See sowie Photovoltaik muss dafür nahezu verdreifacht werden.“ Hierfür müssten ausreichend Flächen für neue Kraftwerksparks bereitgestellt und bestehende Anlagen nachgerüstet werden. Zusammen mit anderen Maßnahmen könne man so „gezielt die Voraussetzungen für einen Ausstieg aus der Kohleverstromung deutlich vor 2038 schaffen.“[83]

Die UNO rettet das Klima – oder?

Angesichts der Vielzahl und Dringlichkeit der Warnungen macht sich seit Jahren die Angst vor den Folgen, beispielsweise Dürre und Überschwemmungen, immer breiter, verbunden mit der Forderung „man muss etwas dagegen tun“, wobei hierbei vor allem die Weltpolitik und namentlich die UNO als handelnde Kraft gesehen werden. Die Hoffnung nährt sich, die Vereinten Nationen würden das Klima retten. Können sie das? Hoffentlich! Aber ist es wahrscheinlich? Nein! Seit dem an anderer Stelle in diesem Buch besprochenen Kyoto-Protokoll von 1997 ist der weltweite CO2-Ausstoß ganz im Gegenteil um mehr als die Hälfte angestiegen. Die Entwicklung wurde also nicht nur in keiner Weise verlangsamt geschweige denn gestoppt, sondern sie bewegte sich sogar rasend schnell in die falsche Richtung. Viele Länder hatten das an anderer Stelle in diesem Buch diskutierte Kyoto-Protokoll zwar unterzeichnet, aber nur wenige überhaupt nennenswerte Maßnahmen ergriffen, um ihre Emissionen tatsächlich zu senken.[84]

Weltklimarat im Konferenzmarathon

Es gibt wohl nichts, worum sich die Vereinten Nationen nicht sorgen und kümmern. Dazu gehört seit 1988 auch das Klima. In diesem Jahr wurde das „Intergovernmental Panel on Climate Change“ (IPCC) – auch als Weltklimarat bezeichnet – gemeinsam vom Umweltprogramm der Vereinten Nationen und der

Weltorganisation für Meteorologie als zwischenstaatliche Institution eingerichtet, um zunächst auf die Bedeutung der Treibhausgasemissionen durch CO2 auf das Klima hinzuweisen und später auf eine erhebliche Reduktion der durch menschliche Aktivitäten verursachten CO2-Treibhausgasemissionen hinzuwirken.[85] Im Kern geht es darum, dass die wachsende Konzentration von Treibhausgasen in der Erdatmosphäre, etwa von Kohlendioxid oder Methan, zu einer Erwärmung mit fatalen Folgen für das Weltklima führt. Die Gase in der Atmosphäre halten die Wärme zurück, die ansonsten von der Erde ins All abgestrahlt würde. Als eine Hauptursache der steigenden Konzentration gilt die Verbrennung fossiler Rohstoffe wie Kohle, Erdöl oder Erdgas, durch die Jahr für Jahr mehr als 30 Milliarden Tonnen CO2 freigesetzt werden.[86]

Dieser Erkenntnis folgend versuchte die Staatengemeinschaft der Entwicklung in zahlreichen Konferenzen entgegenzuwirken. Auf der Klimakonferenz im brasilianischen Rio de Janeiro im Jahr 1992 wurde ein Rahmenabkommen der Vereinten Nationen über Klimaänderungen von zahlreichen Ländern unterzeichnet. Auf der Konferenz im japanischen Kyoto wurde 1997 das so genannte Kyoto-Protokoll verabschiedet, das allerdings erst 2005 in Kraft trat. Darin verpflichteten sich die meisten Industrieländer, ihre Treibhausgasemissionen zu reduzieren. Die USA, der größte CO2-Emittent der westlichen Hemisphäre und der größte weltweit, war allerdings nicht dabei. Damit war schon das damalige Abkommen sicherlich gut gemeint, aber die geringe Wirkung war vorherzusehen.

Zur Groteske geriet die Klimakonferenz im Jahr 2009 im dänischen Kopenhagen. Die Staaten einigten sich darauf, dass das Klima gegenüber der vorindustriellen Zeit um maximal zwei Grad wärmer werden darf. Das ist in etwa so, als ob man in einer Volksabstimmung darüber entscheiden lässt, ob es am nächsten Sonntag regnet oder die Sonne scheint. Absurd wurde es indes erst, als klar wurde, dass dazu eine Halbierung der CO2-Emissionen notwendig wäre, genau diese aber eben nicht beschlossen wurde. Das selbst gesetzte Ziel eines verbindlichen Abkommens für die ganze Welt wurde verfehlt. Beim Klimatreffen 2010 im mexikanischen Cancun ging es vor allem um die Rettung nicht des Klimas, sondern des Kyoto-Protokoll, das 2005 in Kraft getreten war, aber formal 2012 schon wieder endete. Zudem wurden ein neuer Fonds, der Green Climate Fund, aufgelegt, und zusätzliche Maßnahmen gegen die Entwaldung in den Entwicklungsländern ins Leben gerufen.

Ganz großes Theater

Ganz großes Theater vor allem in den Medien entzündete die Klimakonferenz von Paris im Jahr 2015. Mehr als 130 Staats- und Regierungschefs und 40.000 Diplomaten, Umweltschützer, Wirtschaftsvertreter, Wissenschaftler und Journalisten aus der ganzen Welt tagten zwei Wochen lang im Ausstellungszentrum von Le Bourget. Der vermeintlich ganz große Coup gelang: 195 Länder verabschiedeten ein für alle Staaten rechtlich bindendes Klimaschutzabkommen. Wiederum stand das große Ziel im Mittelpunkt, den globalen Anstieg der Temperatur auf deutlich weniger als zwei Grad zu begrenzen.[87] Die meiste Presse zum

Pariser Klimagipfel entfiel allerdings zwei Jahre später auf die USA, nachdem der damalige US-Präsident Donald Trump bei einer legendären Rede im Rosengarten des Weißen Hauses am 1. Juni 2017 den Austritt der Vereinigten Staaten von Amerika aus dem Pariser Klimaabkommen ankündigte. Wirksam wurde die Kündigung der USA indes erst am 4. November 2019 – bis zum Wiedereintritt 2021 unter US-Präsident Joe Biden.

Dazwischen gab es noch Klimakonferenzen im polnischen Poznan 2008, im südafrikanischen Durban 2011, im katarischen Dorhan 2012, im polnischen Warschau 2013, im peruanischen Lima 2014, im marokkanischen Marrakesch 2016, im deutschen Bonn 2017, im polnischen Katowice 2018 und im spanischen Madrid 2019. In Polen gelang es, ein Regelwerk für den Klimaschutz zu verabschieden, das von beinahe 200 Staaten unterzeichnet wurde. In einer Art Drehbuch wurde genau festgelegt, wie das 2015 in Paris vereinbarte Ziel, die Erderwärmung auf 1,5 Grad zu begrenzen, zu erreichen ist. Es war ein diplomatischer Erfolg sondergleichen: Noch zu Beginn der Katowice-Konferenz gab es 1.908 strittige Stellen in der Vereinbarung, die allesamt bis zur Verabschiedung am 15. Dezember 2018 zur Zufriedenheit aller Beteiligten gelöst wurden. Nur beim Grundsätzlichen haperte es: Keine der Regeln aus dem Drehbuch war in irgendeiner Form für die Staaten verbindlich.

Um konkrete CO2-Ziele ging es in den Verhandlungen erst gar nicht, diese sind allein Sache der einzelnen Staaten. Viel mehr erklärte der Beschluss von Katowice recht allgemein, dass die Weltgemeinschaft gemäß den Erkenntnissen der Klimaforschung ihre CO2-Emissionen reduzieren müsse, um den Erwärmungstrend wirksam zu bremsen. Hierfür wurde drei Jahre verhandelt, von 2015 bis 2018. Es war zweifelsohne ein Erfolg der Diplomatie, aber keiner in der Sache – wie schon auf den vorangegangenen Konferenzen.[88] Die Klimakonferenz 2019 in Madrid blieb in jeder Hinsicht erfolglos; alle Streitthemen wurden schlichtweg vertagt.[89]

Das hängt damit zusammen, dass alle Versuche zur Rettung des Klimas und damit der Rettung der Erde unter einem fundamentalen Widerspruch leiden: Die Industrienationen unternehmen viel zu wenig, um ihre CO2-Emissionen zu reduzieren, und sie setzen sich gleichzeitig immer ehrgeizigere Ziele. Damit ist das Scheitern vorprogrammiert. Vor allem aber scheint es – einmal wieder – an der Finanzierung zu hapern. So haben sich die Industrienationen das Ziel gesetzt, von 2020 an jährlich 100 Milliarden Dollar in Entwicklungsländer fließen zu lassen, etwa für den Schutz der tropischen Wälder, die besonders viel CO2 speichern.

Mit dem zeitweisen Ausstieg der Vereinigten Staaten von Amerika aus dem Klimaabkommen und der Drohung weiterer großer Länder wie Australien und Brasilien, dem Beispiel der USA zu folgen, schien dieses Ziel kaum noch erreichbar. Nachdem zunächst nur rund 70 Milliarden Dollar zusammengekommen waren, beschwerten sich Indien, China, Brasilien und Südafrika Ende 2018 in einer gemeinsamen Stellungnahme über den Geiz der Industrienationen, wenn es darum geht, die Erde zu retten. Der von den Vereinten Nationen eigens dazu aufgelegte Green Climate Fund machte 2018 und 2019 negative Schlagzeilen durch Ineffizienz und Misswirtschaft. Immerhin gab es 2020 eine bemerkenswerte Erholungspause für die Umwelt: Der Coronavirus-Pandemie geschuldet fiel die Klimakonferenz aus; übrigens ebenso wie die Biodiversitäts- und beinahe alle weiteren UNO-Konferenzen.[90] Die Reisepause dürfte der Umwelt 2020 gutgetan haben, doch der dadurch verminderte CO2-Ausstoß wird wohl im Konferenzmarathon der Nachfolgejahre nachgeholt werden.

Die Klimakatastrophe von 2019

Eine Katastrophe, eine Schande, ein Witz – der Klimagipfel der Vereinten Nationen im Dezember 2019 wird als Symbol der Untätigkeit und Unfähigkeit bei der Weltenrettung in die Geschichte eingehen. Abgeordnete aus rund 200 Staaten kamen zu den mit Abstand längsten Verhandlungen bei einer Weltklimakonferenz zusammen, um sich auf einen Formelkompromiss zu einigen: Die Staaten wollen „prüfen“, was nötig wäre, um die Lücke zwischen ihren bisherigen Anstrengungen und den notwendigen Maßnahmen, um die Erderwärmung wie im Paris-Abkommen von 2015 auf unter zwei Grad zu begrenzen.

Es war ein Nullergebnis, eine leere Formel - und das am Ende des Jahres 2019, in dem erstmals Millionen von Menschen überall auf der Welt auf die Straßen gegangen sind, um für mehr Klimaschutz zu demonstrieren. Es war eine schallende Ohrfeige für alle Menschen, denen an dem Erhalt von Mutter Erde liegt, man kann auch sagen, eine schallende Ohrfeige für die Menschheit.

Wie können Sie es wagen?

Ein je nach Blickwinkel grandioses oder jämmerliches Schauspiel bot die Klimaikone Greta Thunberg auf dem Klimagipfel 2019 der Vereinten Nationen in New York. Mit Tränen in den Augen und erstickte Stimme warf sie den amtierenden Regierungen aus aller Welt vor, ihrer Generation die Träume gestohlen zu haben. „Wie können Sie es wagen?“ fragte die 16-jährige Schwedin mehrmals die versammelte Politprominenz auf dem Eröffnungspodium. Sie deklamierte: „Wir sind Zeugen einer massiven Zerstörung. Wir werden Ihnen das nie vergessen, wenn Sie uns weiter betrügen. Menschen leiden. Menschen sterben. Wir befinden uns am Anfang eines Massenaussterbens, und alles, woran Sie denken können, sind Geld und Märchen von ewigem Wachstum“.

UNO-Generalsekretär Antonio Guterres beeilte sich, der jungen Aktivistin beim New Yorker Klimagipfel zuzustimmen: „Wenn wir nicht dringend unseren Lebensstil ändern, setzen wir das Leben selbst aufs Spiel. Überall auf der Welt schlägt die Natur mit Wut zurück. Das ist kein Klimaverhandlungsgipfel. Man kann nicht mit der Natur verhandeln. Die Zeit ist knapp, aber es ist noch nicht zu spät.“

Die jugendliche Aktivistin und der ausgebuffte Politprofi zeichneten somit beide das Bild einer Welt, die kurz vor dem Untergang steht, aber durch rasches und energisches Eingreifen gerade noch zu retten ist. Wer diese Überzeugung ernsthaft teilt, für den muss beinahe jede politische Maßnahme, und sei sie noch so drastisch, besser sein, als die Welt untergehen zu sehen. Thunberg und Guterres zeichneten auf dem Klimagipfel 2019 ein Katastrophenszenario, das es im Grunde unausweichlich macht, den Notstand auszurufen und die Klimarettung zum obersten aller politischen Ziele zu erklären.

Man kann die Welt auch anders sehen, wie der Grünen-Politiker Boris Palmer in einer öffentlichen Replik an Thunbergs Auftritt bei den Vereinten Nationen vermerkte, die deutlich differenzierter als die Pauschalzustimmung von UNO-Generalsekretär Antonio Guterres ausfiel: „Nein, wir haben Deine Jugend nicht zerstört. Wir haben eine Welt erschaffen, die bessere Lebenschancen für junge Leute bietet als jemals zuvor in der Geschichte." Es gebe weniger unterernährte Menschen weltweit, Krankheiten wie Pocken und Pest seien ausgerottet, weniger Kriegsopfer seien zu beklagen, die Lebenserwartung sei gestiegen und die Kindersterblichkeit deutlich gesunken. Viele Menschen wollen außer dem Klimaschutz kein anderes Thema mehr gelten lassen. Dazu Boris Palmer: „Sie glauben, dass wir unseren Klimaschutz verwirklichen können, wenn wir unser bisheriges Wirtschafts- und Gesellschaftssystem abschaffen". Und genau darin liegt die politische Brisanz des Klimaaktivismus. Wenn der Klimanotstand alle anderen Aspekte beiseite wischt, dann besteht die Gefahr, dass ebenso wichtige Themen wie etwa Demokratie, Menschenwürde, Gerechtigkeit und letztlich auch der Wunsch nach einem Leben in Frieden und Wohlstand an Bedeutung verlieren.

Auf der Weltklimakonferenz 2021 war die Stimmung indes unversöhnlicher als je zuvor. Zum Auftakt forderte die Exekutivsekretärin der Klimarahmenkonvention (UNFCC), also sozusagen die oberste Klimachefin der UNO, Patricia Espinosa, einen „Wendepunkt der Geschichte" und sagte: „Entweder, wir setzen auf eine schnelle und großangelegte Reduzierung der Emissionen, um das 1,5-Grad-Ziel zu erreichen. Oder wir akzeptieren, dass die Menschheit einer düsteren Zukunft auf diesem Planeten entgegenblickt."[91] Das Umweltprogramm der Vereinten Nationen, UNEP, hielt zu diesem Zeitpunkt das 1,5-Grad-Ziel längst für illusorisch. Im „Emissions Gap Report 2021" stellte UNEP fest: Zurzeit steuert die Welt auf eine Erwärmung von 2,7 Grad zu. Falls die Staaten die gegebenen Zusagen für 2050 einhalten, nämlich keine Klimagase mehr auszustoßen – „Netto-Null"–, könnte es bei einer Erhitzung um 2,2 Grad bleiben.[92]

US-Präsident Joe Biden, nach der Trump-Ära lange Zeit ein Hoffnungsträger für den Umweltschutz, machte es sich auf der Weltklimakonferenz 2021 einfach: Russland und China waren nach seiner Lesart schuld am miesen Klima im doppelten Sinne.[93] Tatsächlich war China 2021 für 31 Prozent der weltweiten CO2-Emissionen verantwortlich. Doch der zweitgrößte Beitrag kam aus den USA – allerdings nur 14 Prozent. Indes: 2021 stiegen die US-Emissionen um 7,6 Prozent gegenüber 2020, der CO2-Ausstoß in China nahm 2021 hingegen nur um vier Prozent zu.[94] Zum Vergleich: Die 27 Staaten der EU waren 2021 nur für sieben Prozent der globalen Emissionen verantwortlich. Russland lag auf dem vierten Platz in der Liste der Umweltsünder.[95]

Aussagekräftig wird der internationale Vergleich allerdings erst, wenn man die *Pro-Kopf*-Emissionen im Bereich der fossilen Energien betrachtet. Dabei waren die USA 2021 auf dem unrühmlichen ersten Platz: Im Schnitt verursacht jeder US-Amerikaner mehr als vier Tonnen CO2 pro Jahr. China liegt mit zwei Tonnen CO2 pro Einwohner bei der Hälfte, die EU befindet sich noch etwas weiter darunter. Zum Vergleich: Im weltweiten Schnitt errechnet sich ein Wert von etwa einer Tonne. In Indien beispielsweise verursachte 2021 jeder Einwohner durchschnittlich nur rund eine halbe Tonne CO2.

Die Vorreiter beim Klimaschutz sind im internationalen Vergleich übrigens kleine und arme Länder wie Gambia oder Nepal – und Großbritannien. So ist Gambia auf der Karte der Organisationen von Climate Action Tracker (CAT) der einzige Staat der Welt, dessen Politik mit dem 1,5-Grad-Ziel übereinstimmt. In dem afrikanischen Land lebt rund die Hälfte der Bevölkerung in Armut. Mit dem Wohlstand werden auch die CO2-Emissionen steigen – aber in viel geringerem Maße als anderswo. Gambia plant etwa neue Solarkraftwerke. Fast auf Linie mit dem 1,5-Grad-Ziel sind auch Länder wie Costa Rica, Äthiopien, Kenia und Nepal. Als „beinahe ausreichend“ – und damit besser als die EU – bewertete Climate Action Tracker 2021 die Klimamaßnahmen Großbritanniens.[96]

Große Ziele, keine Fortschritte

Die UNO will nicht etwa nur das Klima retten, sondern unseren gesamten Planeten. Hierzu wurde seit 1988 fünf Jahre lang an einer Biodiversitätskonvention (Convention on Biological Diversity, CBD) gearbeitet, die schließlich am 29. Dezember

1993 in Kraft trat.[97] Auf 28 Seiten wurde festgehalten, dass dem Schutz der Artenvielfalt eine hohe Priorität zukommt. Bei einer Nachfolgekonferenz im Jahr 2000 im kolumbianischen Cartagena wurde ein völkerrechtlich verbindliches Abkommen unterzeichnet, das im Sinne der Konvention den grenzüberschreitenden Verkehr von gentechnisch veränderten Organismen regelt.

Als ein großer Meilenstein beim Naturschutz wurde die Weltnaturschutzkonferenz 2010 im japanischen Nagoya bejubelt – nicht etwa beim Naturschutz, aber immerhin bei der Formulierung gemeinsamer Ziele der Staatengemeinschaft. Im so genannten Nagoya-Protokoll wurden 20 konkrete Umweltschutzziele festgelegt, die bis zum Jahr 2020 erreicht werden sollten. An Land sollten die Schutzzonen von 13 auf 15 Prozent vergrößert werden, auf den Meeren sogar von einem auf zehn Prozent. Die Überfischung der Ozeane sollte gestoppt und das Aussterben der Arten verhindert werden. Aquakulturen und Landwirtschaften sollten bis 2020 rund um den Globus nachhaltig werden, unter anderem, indem umweltfeindliche Subventionen abgeschafft werden. In 47 Beschlüssen, 94 Dokumenten und 20 offiziellen Anmerkungen herrschte 2010 große Einigkeit, einen großartigen Plan zu verabschieden, der die Umwelt schützt und die Biodiversität auf der Erde erhält. Im Kern ging es darum, Ländern mit großem biologischem Reichtum erstmals konkret zu ermöglichen, Geld zu bekommen, wenn die Firmen reicher Länder aus ihren Naturstoffen zum Beispiel Medikamente oder Kosmetika entwickeln.

Das Nagoya-Protokoll legte fest, dass Firmen, die sich auf der Suche nach neuen Wirkstoffen oder Produkten an Organismen etwa aus Regenwäldern oder Korallenriffen bedienen, dafür einen Vertrag benötigen, der neben Gebühren und Auflagen sogar bestimmen kann, dass das Herkunftsland des Naturstoffs an der Entwicklung des Produkts oder späteren Profiten beteiligt wird. Diese neuen Regeln betrafen zumindest auf dem Papier eine Vielzahl von Wirtschaftsbereichen, von der Pharmaindustrie bis zur Lebensmittelbranche. Die Einnahmen aus diesem „Access and Benefit Sharing" sollten Entwicklungsländern helfen, ihre Wirtschaft nachhaltig zu finanzieren und so die Fehler westlicher Länder nicht zu wiederholen.

Doch ausgerechnet beim Geld drifteten die Meinungen der Länder auseinander. Die Entwicklungsländer verlangten von den Industrienationen bis zum Jahre 2020 rund 200 Milliarden Dollar bereitzustellen. Das ging dem Gastgeberland Japan ebenso wie der Europäischen Union dann doch zu weit, sie lehnten ab. Ein schöner Plan – gerne! Aber für die Umsetzung bezahlen – nein danke! Die USA hatten erst gar nicht an der Konferenz in Nagoya teilgenommen, da sie die Biodiversitätskonvention der UNO nicht unterzeichnet haben.[98]

Dekade der Biodiversität

Das hinderte die Vereinten Nationen allerdings nicht daran, am 22. Dezember 2010 die Jahre 2011 bis 2020 zur „UNO-Dekade der Biodiversität" auszurufen. Doch auf der Naturschutzkonferenz Ende 2018 im ägyptischen Urlaubsort Scharm

El-Scheich war den 196 beteiligten Staaten die Feierlaune längst vergangen, als klar wurde, dass die 2010 gesetzten Ziele nicht zu erreichen waren. Den wenigen Fortschritten in einzelnen Bereichen standen Rückschritte auf breiter Front entgegen.

Das Plenum der Weltnaturschutzkonferenz musste offiziell eingestehen, dass sich die Natur global in einem desaströsen Zustand befindet. Abhilfe war kaum in Sicht, weil sich beim weltweiten Naturschutz die Abkehr vom Multilateralismus durch immer mehr Staaten besonders gravierend auswirkte. So stießen beispielsweise Pläne für größere internationale Meeresschutzgebiete auf Widerstand, weil sich China, Russland, Mexiko oder Brasilien nicht in ihre eigene staatliche Hoheitsgewalt hineinreden lassen wollten. 2018 galt es schon als Fortschritt, dass man sich wenigstens auf die nächste Konferenz einigen konnte. Wenn sich schon in der Sache nichts bewegt, soll wenigstens darüber geredet werden.[99]

Wandel im Bewusstsein vieler Menschen

Losgelöst von den Schwierigkeiten der Vereinten Nationen bewirkten die jahrelangen Diskussionen über die drohenden Gefahren des Klimawandels einen Wandel im Bewusstsein vieler Menschen vor allem in den Industrienationen. Getrieben wurde die Angst von Berichten über dramatische klimatischbedingte Veränderungen und Negativrekorde. So wurde beispielsweise am 17. August 2020 im US-amerikanischen „Death Valley“ eine Temperatur von 54,4 Grad Celsius gemessen, möglicherweise ein Hitze-Weltrekord. Zwar war im Juli 1913 schon einmal im gleichen „Tal des Todes“ ein Rekord von 56,7 Grad verkündet worden, dessen Glaubwürdigkeit jedoch später angezweifelt wurde.[100]

Geopolitische Wetterlage
Europa, USA, China

Die Klimakrise gehört zu den Herausforderungen, die – gleichgültig, in welchem Ausmaß sie vom Menschen mitverursacht oder jedenfalls gefördert wird – nur in einer internationalen Zusammenarbeit zu bewältigen ist. Daher hat sie das Potenzial, zum Frieden in der Welt beizutragen, auf jeden Fall zur friedlichen gemeinsamen Bekämpfung eines „Feindes", des Klimawandels. Insofern hängen die Klimakrise und der Weltfrieden enger zusammen, als es auf den ersten Blick erscheint.

Dennoch zeigt ein Vergleich der Kontinente Europa, Amerika mit den USA als dortiger Leitmacht und Asien mit China als dominanter Faktor die unterschiedliche Herangehensweise an die Klimapolitik. Alle drei Kontinente eint jedoch eines: Die politischen Ankündigungen sind weit von der Realität entfernt. Es gäbe beinahe unendliche viele Belege dafür; im folgenden werden einige wenige Beispiele genannt.

Das schmutzigste Kraftwerk der EU

Die EU-Staaten wollen bis 2050 klimaneutral werden – das ist der große politische Plan, den die Vorsitzende der EU-Kommission, Ursula von der Leyen, verfolgt. Dazu werden Dieselautos aus den Innenstädten verbannt, die Bürger mit allerlei Zwangsmaßnahmen dazu verdonnert, sich Elektroautos zu kaufen, Silvesterfeuerwerke, Flugreisen und vieles mehr verpönt.

Doch nur 500 Kilometer von Berlin entfernt, im polnischen Belchatów, arbeitet das größte Braunkohlerkraftwerk der Welt - und Polen denkt gar nicht daran, es abzuschalten. Jährlich rollen 45 Millionen Tonnen Braunkohle in die Brennkammern. Dadurch gelangen jährlich zwischen 30 und 40 Millionen Tonnen CO2 in die Atmosphäre. Das ist mehr als der Jahresausstoß ganzer EU-Länder wie Irland oder der Slowakei. Die derzeit gültigen Förderlizenzen reichen bis zum Jahr 2040. Nachfolgekonzepte gibt es nicht. Man muss wohl arg nativ sein, um anzunehmen, dass das Kraftwerk 2050 tatsächlich abgeschaltet wird.

USA vorne beim Energieverbrauch

In den Vereinigten Staaten von Amerika leben etwas mehr als vier Prozent der Weltbevölkerung, rund 329 Millionen Menschen, doch sie verbrauchen in etwa das vierfache, rund 16 Prozent, des weltweiten Energiekonsums. Zum Vergleich: Auf China mit über 18 Prozent an der Weltbevölkerung entfällt lediglich gut 20 Prozent des Energieverbrauchs, auf Indien mit knapp 18 Prozent Bevölkerungsanteil sogar nur 6 Prozent der Energie.

Die Zahlen der International Energy Agency machen deutlich: Wenn sich die beiden bevölkerungsreichsten Länder der Erde, China und Indien, auf ein US-Niveau beim Energieverbrauch begeben würden, wäre der Kollaps wohl unvermeidbar.

China fährt mit dem Zug davon

China gilt aufgrund seiner schieren Größe als Absatzparadies für viele Branchen, vom Smartphone bis zum Automobil. Dabei entpuppt sich der Automarkt als zwiegespalten: das Premiumsegment wächst, weil viele Chinesen das Prestige und den Status lieben, sofern sie es sich leisten können, und die Nachfrage nach Batteriefahrzeugen zieht an. Doch tatsächlich setzt China vor allem auf die Fortentwicklung der Eisenbahn.

China verfügt seit 2020 über mehr Gleiskilometer als der Rest der Welt zusammen. Die chinesische Regierung hat offenbar erkannt, dass leistungsfähige Hochgeschwindigkeitszüge, die in ein zuverlässiges Verbindungsnetz eingebettet sind, für den Massenverkehr über Land besser geeignet sind als das Automobil oder das Flugzeug. So fährt beispielsweise ein Zug von der Hauptstadt Peking in die Wirtschaftsmetropole Shanghai in nur viereinhalb Stunden. Die Strecke beträgt 1318 Kilometer, das ist etwa so weit wie von der Ostsee bis zum Mittelmeer. Wer allerdings in Europa versucht, diese Entfernung mit der Bahn zu überwinden, ist wohl eher viereinhalb Tage als viereinhalb Stunden unterwegs. Genau genommen wird eine solche Bahnreise in Europa geradezu als aberwitzig eingestuft, so dass sie erst niemand antreten würde. In China hingegen braust man in dem Schnellzug mit bis zu 340 Stundenkilometern dahin, in bequemen Sitzen, mit Bordservice und einem unterbrechungsfreien WLAN-Zugang. Natürlich spielen auch die Kosten eine Rolle: Die Strecke Peking-Shanghai legt man für 71 Euro in der zweiten Klasse zurück. In Europa würde sicherlich kein vernünftiger Mensch mit 71 Euro in der Tasche an der Ostsee aufbrechen, um das Mittelmehr zu erreichen – gleichgültig, mit welchem Transportmittel.

Seit 2008 hat China sein Schnellzugnetz auf rund 30.000 Kilometer ausgebaut, das sind mehr als zwei Drittel aller Strecken weltweit. Schon im Jahr 2005 nutzte jeder zweite Bahnreisende in China einen Hochgeschwindigkeitszeit.

In ihrer industriepolitischen Strategie „Made in China 2025“ hat die chinesische Regierung die Bahntechnik als eins von zehn Gebieten festgelegt, auf dem das Land Weltspitze erreichen will. Die China Railway Rolling Stock Corporation (CRRC) ist zum größten Schienenfahrzeughersteller der Welt aufgestiegen.

Bislang bringt das Hochgeschwindigkeitsnetz in China nur eine CO2-Ersparnis von etwa zwei Prozent. Das liegt vor allem daran, dass das Gros des Stroms aus Kohle erzeugt wird. Doch mit der sukzessiven Umstellung der Stromerzeugung auf erneuerbaren Energien wird sich die CO2-Bilanz des Landes in Zukunft verbessern. Das ist allerdings auch bitter nötig.

Denn allen Eisenbahnanstrengungen zum Trotz stößt China mehr CO2 aus als alle Industriestaaten zusammen. Im Vergleich mit den EU-Ländern, den USA und den anderen Mitgliedern der Industrieländerorganisation OECD hat das bevölkerungsreichste Land 2019 allein zu 27 Prozent der weltweiten Emissionen an CO2-Äquivalenten beigetragen – weit mehr als die USA auf dem zweiten Platz mit elf Prozent. Erstmals kletterte übrigens Indien 2019 mit 6,6 Prozent auf den dritten Platz.[101]

2019 haben die Emissionen der Volksrepublik China erstmals 14 Gigatonnen CO2 überschritten. Das entspricht einer Verdreifachung gegenüber 1990 und immerhin noch einem Anstieg um 25 Prozent.

Fazit: Ob Europa, die USA oder China – die Ankündigungen sind groß, die Realität ist ernüchternd. 2021 war nach Recherchen der Internationalen Energieagentur IEA der zweitstärkste jährliche Anstieg beim globalen Ausstoß des Treibhausgases CO2 seit Beginn der Messungen zu verzeichnen: mehr als 35 Gigatonnen CO2.[102]

Afrika wird am meisten leiden – und Grönland

Das meiste unmittelbare Leid aufgrund des Klimawandels wird auf Afrika entfallen. Der afrikanische Kontinent wird übermäßig stark von Überschwemmungen, Dürren und Erdrutschen betroffen sein, legte ein Bericht der Weltwetterorganisation (WMO) zusammen mit der Afrikanischen Union aus dem Jahr 2021 nahe.[103]

„Das rapide Schrumpfen der letzten noch verbliebenen Gletscher in Ostafrika, die in naher Zukunft voraussichtlich vollständig schmelzen werden, zeigt die Gefahr unmittelbar bevorstehender und unumkehrbarer Veränderung des Erdsystems“, sagte der Generalsektretär der WMO Petteri Taalas 2021. Der Klimawandel wird demnach mit steigenden Temperaturen, mehr Extremwetterlagen und veränderten Regenfällen die Hungerkrise in Afrika verschärfen und mehr Menschen aus ihrer Heimat vertreiben – verbunden mit Migrationsströmen vor allem nach Europa. Bis zum Jahr 2030 sollen rund 118 Millionen Menschen von Dürre, Überschwemmungen oder extremer Hitze betroffen sein. Die Menschen auf dem afrikanischen Kontinent verursachen hingegen weniger als vier Prozent der weltweiten Treibhausgas-Emissionen.

Neben Afrika gehört Grönland zu den am stärksten vom Klimawandel betroffenen Regionen weltweit. Weil sich die Arktis überproportional erwärmt und veränderte Luftströmungen immer häufiger warme Luft über die Rieseninsel bringen, taut das Eisschild Grönlands stellenweise exponentiell. Experten befürchten, dass sich ein Teil des Grönlandeises einem Kipppunkt nähert – einer Schwelle, ab der ein komplettes Abtauen droht – mit verheerenden Folgen für das Weltklima.[104]

Künstliche Intelligenz mahnt die Menschheit

Das weltweit unkoordinierte Vorgehen zum Schutz unserer Erde steht im Gegensatz zu den Mahnungen, die sich aus einer 2021 von einer Künstlichen Intelligenz (KI) namens BERT (Bidirectional Encoder Representations from Transformers) zusammengetragenen Studie ergeben. BERT hat über 100.000 wissenschaftliche Klimastudien ausgewertet und aus allen zusammengenommen die Auswirkungen des Klimawandels detailliert beschrieben. Demnach zeigen 80 Prozent der globalen Landflächen (ohne die Antarktis) bereits Trends bei Temperatur und/oder Niederschlag, die zumindest teilweise auf den menschlichen Klimaeinfluss zurückzuführen sind. Gut 85 Prozent der Weltbevölkerung sind laut KI-Analyse schon heute von den Veränderungen betroffen. Für Westeuropa, Nordamerika sowie Süd- und Ostasien liefern besonders viele Studien starke Belege für einen Einfluss der menschengemachten Erderwärmung auf Veränderungen in der Natur.[105] Wer daraus allerdings die Schlussfolgerung ableitet, dass Westeuropa, Nordamerika und Südostasien besonders eng zusammenarbeiten, um dem Klimawandel entgegenzuwirken, der findet dafür mit Stand 2022 wenig Belege.

Diese internationalen Vergleiche verdeutlichen, dass wohl nur eine globale Organisation wie die UNO für einen Ausgleich sorgen kann – vorausgesetzt, sie findet die Kraft dafür, und die Staatengemeinschaft gibt ihr die Macht dafür. Mit Stand 2022 deutet leider wenig darauf hin, weder auf die Kraft noch auf die Macht. Aber möglicherweise und hoffentlich verbessert sich diese Situation, wenn die Auswirkungen des Klimawandels weltweit noch deutlich zutage treten. Bedenken wir: Heute sind es in vielen Fällen noch Studien, beschriebenes Papier, das die Horrorszenarien der nicht mehr so fernen Zukunft skizziert. Kommt die Realität immer näher, könnte die Staatengemeinschaft sehr wohl enger zusammenrücken, um gemeinsam Abwehrmaßnahmen voranzutreiben. Die Frage ist natürlich, ob und welche Maßnahmen dann noch erfolgreich sein werden – oder ob es nicht schlichtweg zu spät sein wird.

Experten haben errechnet, dass wir bis 2075 auf etwa 4 Grad Erderwärmung kommen könnten, wenn sich die bisherige Entwicklung ungehemmt fortsetzt. Zu diesem Zeitpunkt würde beispielsweise Venedig vollständig im Meer versinken, sofern die Stadt nicht hermetisch vom Meeresspiegel abgekoppelt wird.[106] Durch heute noch schwer einschätzbare Rückkopplungseffekte könnten wir Ende dieses Jahrhunderts sogar bei 5 oder 6 Grad Erderwärmung ankommen. Das wäre das Ende der Normalität, wie wir sie kennen – überall auf der Erdkugel.

Ein Forscher-Team am renommierten Massachusetts Institute of Technology (MIT) hat bereits in einer 1972 veröffentlichen Studie ohnehin das Ende der Menschheit für spätestens 2072 vorausgesagt. Durch Bevölkerungswachstum, Nahrungsbedarf, Industrialisierung, Rohstoffverbrauch und Umweltverschmutzung werden demnach „die absoluten Wachstumsgrenzen auf der Erde im Laufe der nächsten hundert Jahre erreicht“.[107]

Auswege aus der Krise

Seit 2020 sind eine ganze Reihe von vielfach beachteten Veröffentlichungen anerkannter Wissenschaftsbetriebe und internationaler Institutionen erschienen, die mehr oder minder alle zum gleichen Schluss kommen: Das Klima ist nicht mehr zu retten, jedenfalls nicht in dem Sinne, dass die Jahre zuvor von der Politik festgelegten Klimaziele zu erreichen sind.

Klima bis 2030 kaum zu retten

Das Pariser Klimaabkommen ist unzureichend, um das Klima bis 2030 zu retten. Diese Schlussfolgerung legt eine von rund 11.000 Wissenschaftlern im Fachmagazin BioSciene veröffentlichte Mahnung nahe. Demnach befinden sich lediglich 35 der 184 Staaten, die das Pariser Abkommen feierlich unterzeichnet haben, ernsthaft auf dem Weg, das festgelegte Ziel, den Ausstoß von klimaschädlichen Substanzen bis 2030 um mindestens 40 Prozent zu reduzieren. 28 der 35 Länder gehören der Europäischen Union an.

Überwindung der Untätigkeit

Die Erkenntnis, dass der Raubbau an unserer Natur nicht ewig weitergehen kann, dass die Rettung unseres Klimas höchste Priorität für unsere Zukunft hat, ist nicht neu. Wenn dennoch kaum etwas zur Verbesserung der Situation getan wird, oder jedenfalls höchstens in mikroskopisch kleinen Schritten, dann hängt das mit der Psychologie des Menschen zusammen.

Je mehr Menschen involviert und „irgendwie verantwortlich“ sind, desto weniger fühlt sich jeder Einzelne zuständig. Motto: Sollen doch erstmal die anderen etwas unternehmen, bevor man selbst tätig wird. Das führt zu einem gemeinsamen Nichtstun. Psychologen sprechen von „Verantwortungsdiffusion“.

Dazu gesellt sich die „Pluralistische Ignoranz“. Wir Menschen orientieren uns immer am Verhalten anderer Menschen. Dieser Grundzug unserer Psyche verstärkt sich noch in ungewohnten Situationen. Wenn also niemand etwas unternimmt, verharren wir ebenfalls in der Starre des Nichtstuns.

Hinzu kommt die wohl jedem Menschen innewohnende „Bewertungsangst“, also die Frage, was andere Menschen über uns denken. In der Pandemie war dieses Verhalten deutlich bei der Frage zu beobachten, ob man eine Atemschutzmaske tragen soll oder nicht. Erst wenn alle oder zumindest mehrere eine Maske tragen, fühlt man sich auch selbst dabei wohl.[108]

In der Summe führt dieses Verhalten dazu, dass wir Menschen in gefährlichen Situationen in der Regel erst einmal nichts tun. Die Psychologen kennen auch hierfür einen Fachbegriff, den „Zuschauereffekt“. Wir halten uns zurück, warten erst einmal ab, was die anderen machen, wollen uns nach Möglichkeit nicht involvieren. Das dient dem Eigenschutz.[109]

Beim Klima klappt dieses Verhalten allerdings nicht. Wenn das Klima kippt, ist nämlich keiner von uns nur Zuschauer, wir werden alle zu Betroffenen. Doch genau das leugnen viele Menschen solange wie möglich. Besonders deutlich manifestiert sich die Kumulation der genannten psychologischen Phänomene in der Angst, „die ganze Welt" könnte über Deutschland lachen, wenn wir bei der Rettung des Klimas voranschreiten, statt erst einmal abzuwarten.

Aus dieser Situation haben die Psychologen nur einen gangbaren Ausweg entdeckt: die kompetente Führung. Wenn jemand glaubwürdig das Gefühl vermitteln kann, die Rettung aus der Notlage zu erkennen, folgen ihm – oder ihr – die meisten Menschen mehr oder minder willenlos. Dadurch ist sicherlich unter anderem auch das Phänomen der jugendlichen Umweltschutz-Ikone Greta Thunberg vor der Pandemie zu erklären: Sie schien zu wissen, was zu tun ist und Millionen junger Menschen aus aller Welt schlossen sich ihr an. Das Problem dabei war nur: Die Jugendliche kannte auch keinen Ausweg, sie konnte lediglich auf das Problem hinweisen. Das ist zwar ein erster Schritt, aber es führt nicht zwangsläufig zu einem verantwortlichen Handeln derjenigen, in deren Händen die Macht liegt, tatsächlich etwas zur Rettung der Welt zu tun.[110]

Immerhin stellt der „Green Deal" der Europäischen Union den Versuch dar, aus der Erkenntnis ein planvolles Handeln abzuleiten. Das Ziel ist schnell erklärt und leicht vermittelbar: Die EU will bis 2050 klimaneutral werden.[111] Die europäische Staatengemeinschaft hat sich für den „Green Deal" entschieden und verkündete 2019 vor aller Welt, die Vorreiterrolle beim Klimaschutz zu übernehmen. Die Handlungspläne waren zunächst noch vage, das Zaudern der nationalen Regierungen der EU-Länder war unübersehbar. Dennoch hat die EU damit als erster großer Staatenbund das Kartell des Nichthandelns zerschlagen. Das war eine Führungsrolle, die weite Teile der Bevölkerung der EU wohl gar nicht zugetraut hätten. Viele mögen es auch kritisch sehen, gemäß dem Phänomen „die anderen lachen über uns". Doch nach Überwindung dieser Phase wächst womöglich der Stolz, dass die EU eine globale Führungsrolle übernommen hat. Schlimmstenfalls wird dieser Stolz allerdings von den Diskussionen und sicherlich auch Streitigkeiten darüber, welche Maßnahmen konkret zu ergreifen sind, überdeckt.

Ein ermutigendes Zeichen für die Umwelt kam mitten in der 2020/21 aus der Wirtschaft. Weit mehr als 400 Großinvestoren schickten unter dem Titel „The Investor Agenda" eine scharfe Warnung an die Regierungen der führenden Industrie- und der Schwellenländer, die G20. Diese Mahnung der Finanzkonzerne ließ an Deutlichkeit nichts zu wünschen übrig. Sie stellten klar für die Zeit nach 2020: „Wiederaufbaupläne, die den Klimawandel verschärfen, würden Investoren und Volkswirtschaften in den kommenden Jahren wachsenden finanziellen, gesundheitlichen und sozialen Risiken aussetzen". Hinter „Investor Agenda" standen sieben wirtschaftsnahe Klimaschutz-Organisationen. Diese vertraten die Interessen von mehr als 400 Großinvestoren, darunter etwa die Vermögensverwaltungshäuser der Allianz, der Volks- und Raiffeisenbanken, internationaler Großbanken wie BNP Paribas oder UBS sowie die DWS, die Fondstochter der Deutschen Bank. Zusammen verwalten diese Investoren mehr als 30 Billionen Dollar. Auf dieses Kapital sind sehr viele Staaten angewiesen, um ihre Konjunktur- und Sozialprogramme bis 2030 und darüber hinaus zu finanzieren.[112]

Ebenso wegweisend dürfte die „Verkehrsrevolution" sein, die Belgiens Hauptstadt während der Pandemie 2020/21 ausrief. Brüssel verwandelte seine gesamte Innenstadt kurzerhand in eine verkehrsberuhigte Zone mit Tempo 30. Binnen weniger Wochen wurden 40 Kilometer neue Radwege geschaffen.[113] Weitere Großstädte werden in den 2020er Jahren sukzessive nachziehen, denn die Idee, Metropolen Fußgänger- und Fahrradfreundlicher zu gestalten, war spätestens seit der Klimadebatte 2018 nicht neu. Die Pandemie hat nur eine Entwicklung beschleunigt, die ohnehin im Gange war.

Ein positives Signal für mehr Umwelt- und Klimaschutz war die Wahl von US-Präsident Joe Biden Ende 2020, der gleich zu Beginn seiner Amtszeit zu einer nationalen Kraftanstrengung zur Bewältigung der Klimakrise aufrief.[114] Die Pandemie und ihre fatalen Folgen machten es für ihn leichter, vor dem Horrorszenario eines Umkippens der Natur zu warnen. Die Bevölkerung nicht nur der USA hatte durch Corona verstanden, wie vergleichsweise hilflos selbst die Wissenschaft sein kann, wenn die Natur zuschlägt. Wenn der Bekämpfung der Klimakatastrophe in den 2020er eine entsprechend hohe Priorität eingeräumt wird, könnte die Rettung des Planeten noch gelingen. Nachdem sich die Europäische Union schon Ende 2019 mit dem „Green Deal" hohe Umweltschutzziele vorgegeben hatte, zogen die USA seit 2021 nach: Joe Biden kündigte neue Investitionen in eine grüne Infrastruktur an, darunter zwei Billionen US-

Dollar allein für saubere Energieprojekte. Wasser-, Transport- und Energieinfrastruktur sollten modernisiert, die Elektromobilität ausgebaut, Millionen Gebäude im ganzen Land energetisch saniert werden. Bis zum Jahr 2035 versprach Biden die Stromerzeugung aus Kraftwerken in den USA frei von CO2-Emissionen zu halten. Dabei verkündete US-Präsident Joe Biden für die 2020er Jahre allerdings nicht nur den Ausbau der erneuerbaren Energien, sondern auch verstärkte Investitionen in Atomkraft.[115] Im September 2021 sprach Biden angesichts der rasant fortschreitenden Veränderungen des Klimas von der „Alarmstufe Rot".[116] Kurz zuvor hatte der Nationale Wetterdienst der USA erstmals in der Geschichte der Millionenstadt New York eine „Sturzflutnotlage" ausgerufen. New Yorks Bürgermeister sprach von einem „historischen Wetterereignis" mit „Rekordregenfällen in der ganzen Stadt, heftigen Überschwemmungen und gefährlichen Bedingungen auf unseren Straßen". Er führte den katastrophalen Rekordregen 2021 direkt auf den Klimawandel zurück und sagte: „Das ist der größte Weckruf, den wir bekommen könnten." Von nun an müsse in New York bei jedem Sturm von ähnlichen Ausmaßen ausgegangen werden – die Maßnahmen gegen die globale Erderwärmung müssten landesweit verstärkt werden.[117] 2021 war das Thema des Klimawandels auf breiter Front in den Vereinigten Staaten von Amerika angekommen. Im gleichen Jahr rief auch der Weltklimarat „Alarmstufe Rot" aus; einem Bericht hieß es: „Es ist sehr wahrscheinlich, dass Episoden mit Starkniederschlägen in den meisten Regionen mit einer weiteren Klimaerwärmung intensiver und häufiger werden". „Sehr wahrscheinlich" bedeutete mit 90 bis 100-prozentiger Sicherheit.[118]

Das deutsche Klimapaket

Fossile Energie soll teurer werden, klimafreundliche Technologien günstiger. So lässt sich der Grundgedanke des sogenannten Klimapakets zusammenfassen, das die Bundesregierung 2019 beschlossen hat. So ist vorgesehen, dass der CO2-Preis pro Tonne ab 2021 auf 25 Euro steigt, um fossile Heiz- und Kraftstoffe wie Gas, Öl und Kohle zu verteuern. Im Gegenzug sind milliardenschwere Entlastungen beim Strompreis und steuerliche Entlastungen für energiesparendes vereinbart. Hinzu kommt die Anhebung der Pendlerpauschale, um Menschen, die mit dem Auto zur Arbeit fahren, besser zu stellen. Die Bundesregierung hat damit die Quadratur des Kreises geprobt: Deutschland soll klimaneutral werden, aber ohne der Bevölkerung höhere finanzielle Belastungen oder gar ein Umdenken bei ihrem Verhalten aufzudrängen. Der Versuch, mehr Klimaschutz und mehr sozialen Ausgleich für die Bevölkerung unter einen Hut zu bringen, führte zu einem sperrigen Gesetzespaket, das weder die Klimaaktivisten noch die Traditionalisten zufrieden stellen konnte. Von der 2021 ins Amt gewählten neuen Bundesregierung aus den Koalitionsparteien SPD, FDP und Grüne sind zweifelsohne umweltfreundlichere und hoffentlich auch bessere Gesetze zu erwarten. Die Atomenergie könnte indes zur Gretchenfrage in Deutschland werden.

Rückkehr der Atomenergie

Nach dem Atomausstieg Deutschlands scheint eine Rückkehr dazu unmöglich. Doch das ist keineswegs gesagt. Es wird vom

Erfolg bei den Erneuerbaren Energien abhängen, ob wir nicht noch einmal eine Renaissance der Atomenergie erleben. Die Stichworte lauten „Versorgungssicherheit“ und „Klimawandel“. Erstens: Sollte durch die Abschaltung der Kohlekraftwerke und Hürden beim Bezug von Strom die Versorgungssicherheit in Deutschland gefährdet werden, könnte sich möglicherweise zügig eine Bewegung herauskristallisieren, denen die sichere Versorgung mit Strom als eine Voraussetzung für unsere heutige Zivilisation wichtiger als andere Aspekte sind. Zumal nur rund zwei Prozent der globalen Energie überhaupt von Wind und Sonne geliefert wird. Zum zweiten könnte der CO2-Ausstoß, der für den Klimawandel verantwortlich gemacht wird, natürlich mit Atomenergie wirkungsvoll bekämpft werden. Denn bei der atomaren Kernreaktion entsteht kein Kohlendioxid, die Anlagen sind weitgehend klimaneutral. Beides sind keine neuen Überlegungen.

Doch es ist ein eigenwilliger Blick auf die Risikolage, der Atomkraft in Deutschland politisch schwer durchsetzbar macht. Expertenschätzungen gehen davon aus, dass weit über eine Million Menschen an den Folgen von Kohlekraftwerken sterben, in erster Linie durch Atemwegsleiden und Krebs. Diese Kohletoten sind nicht etwa die Folge von Unfällen, sondern aus dem Regelbetrieb. Nüchtern gegenübergestellt: Bei Unfällen mit Atomkraftwerken sind bislang je nach Schätzungen schlimmstenfalls einige Zehntausend Menschen ums Leben gekommen. Moralisch darf man diese Zahlen womöglich nicht abwägen, aber politisch verantwortliches Handeln sollte es tun. Kernkraft ist nüchtern betrachtet die sicherste Energiequelle, die unsere

Zivilisation Tag und Nacht losgelöst von unvorhergesehenen Wettereinflüssen mit Strom versorgen kann.

Neben dem GAU einer radioaktiven Katastrophe wird als Gegenargument häufig der Atommüll genannt, der über viele Generationen hinweg abgeschottet gelagert werden muss und ein Risiko darstellt. Das ist sicherlich richtig, aber ist das Risiko für unsere Kinder und Enkel durch die anstehende Erderwärmung nicht viel greifbarer und größer?

Wenn man diese verschiedenen Überlegungen in Betracht zieht, ist ein Revival der Kernenergie keineswegs ausgeschlossen. Ganz im Gegenteil deutet vieles auf eine verstärkte friedliche Nutzung der Kernenergie in den nächsten Dekaden hin. Sie wäre allem Risiko zum Trotz und natürlich nur, solange keine gravierenden atomaren Unfälle auftreten, eine Antwort auf die zunehmende Umweltbelastung durch die fossile Energiegewinnung. Neue Technologien deuten auf eine Renaissance der zivilen Atomenergienutzung hin. Das Spektrum reicht von großindustriellen Kernfusionsreaktoren bis hin zu „Mini-AKWs“ aus der Massenproduktion.

2020 gelang es China, in einem Kernfusionsreaktor die Fusion für einen längeren Zeitraum aufrecht zu erhalten. Dieser Vorgang, der bisher nur sehr selten glückte, könnte durchaus die Zukunft der Energieerzeugung verändern. Kernfusion ist der Prozess, der unserer Sonne und anderen Sternen ihre unbändige Energie verleiht. Dabei verschmelzen zwei gleich geladene, leichte Atomkerne zu einem größeren Atom – ein Prozess, bei dem extrem viel Energie freigesetzt wird. Um die Fusion zu bewerkstelligen, muss jedoch zunächst sehr viel Energie aufgewendet werden. Denn ähnlich wie zwei Magnete, bei denen die beiden gleichen Pole einander abstoßen, stoßen auch gleich geladene Atomkerne einander ab. Um sie fusionieren zu lassen, machen Sterne sich ihre massive Größe zunutze, die einen immensen Druck im Kern der Sterne erzeugt.

In den 2020er und 2030er Jahren könnten erstmals Technologien auf der Erde verfügbar werden, um diesen immensen Druck zu erzielen, der für Kernfusionsreaktoren benötigt wird. Man muss dazu extreme Temperaturen in der Größenordnung von 100 Millionen Grad Celsius erzeugen. Genau dies war China 2020 mit dem Fusionsreaktor EAST (Experimental Advanced Superconducting Tokamak) gelungen, der eine Kernfusion für 10 Sekunden aufrecht erhalten konnte. Bis zu einer industriellen Nutzung werden noch Jahre der Forschung notwendig sein. Doch wenn es gelingt, eine Möglichkeit zur Erzeugung einer stabilen Kernfusion zu finden, wären unsere Energieprobleme wahrscheinlich gelöst. Wichtiger Vorteil dabei: Bei dem Vorgang entsteht kein radioaktiver oder anderweitig gefährlicher Abfall. Noch dazu kann ein solcher Fusionsreaktor mit Meerwasser betrieben werden – eine erneuerbare, nachhaltige Ressource.[119]

Auch in Europa wird die friedliche Nutzung der Kernenergie durch Fusionsreaktoren schon seit längerem vorangetrieben.[120] Bereits 1985 wurde die Idee für den Bau des Fusionsreaktors ITER im südfranzösischen Kernforschungszentrum Cadarache geboren. ITER wird als gemeinsames Forschungsprojekt der EU, der Schweiz, der USA, Chinas, Japans, Russlands und Indien entwickelt.[121] 2007 wurde der Baubeginn angekündigt und Anfang der 2020er war er in vollem Gange. Die Fertigstellung von ITER ist bei Drucklegung dieses Buches für das Jahr 2025 vorgesehen, wobei weitere Verzögerungen als wahrscheinlich gelten; die erste Fusion soll frühestens 2036 stattfinden.[122]

Parallel zu diesen Großprojekten scheint sich für die 2020er und 2030er die Verbreitung kleiner modularer Atomkraftwerke, die wie am Fließband produziert werden, anzubahnen. Die Mini-AKWs brauchen nur wenige Hektar Fläche und produzieren zwischen 30 und 450 Megawatt. Anfang der 2020er waren zwei atomare Kleinkraftwerke bereits in Betrieb. Sie befanden sich an Bord des Schiffs „Akademik Lomossow“ und versorgten die sibirische Stadt Pevec und ihre 100.000 Einwohner mit Wärme und mit Strom. Auch die USA und Kanada setzen auf diese neue Generation der „Smart Modular Reactors“, die ab 2025 Strom liefern sollen. China hat dem Vernehmen nach ebenfalls entsprechende Pläne.[123]

Den Weg dahin bereiten vor allem US-amerikanische Startups vor, die kleine, kompakte und vermeintlich sichere Atomkraftwerke bauen wollen. Der Clou: Die Mini-AKWs arbeiten häufig mit Atommüll. Dadurch können wohl allein die abgebrannten Brennstäbe herkömmlicher US-amerikanischer Atomkraftwerke ausreichen, um den Strombedarf der ganzen Welt für Jahrhunderte zu decken. Beispielhaft für diese neue Generation der AKW-Startups steht die Firma Terrapower, hinter dem die Unternehmerlegende Bill Gates steckt. Schon 2018 erklärte der vielfache Milliardär in einem offenen Brief: „Atomkraft ist ideal, um dem Klimawandel zu begegnen.“

Als ein weiteres vielversprechendes AKW-Startup gilt NuScales. Das Unternehmen bietet einen Kernreaktor an, der selbst im schwersten anzunehmenden Unfall, nämlich der vollständigen Isolation von der Außenwelt, nicht hochgeht, sondern sich selbst im wahrsten Sinne des Wortes abkühlt und herunterfährt. So soll verhindert werden, was etwa im Katastrophenreaktor von Tschernobyl erfolgte, der explodierte, weil seine Leistung unkontrolliert immer weiter anstieg. Auch ein Unglück wie im japanischen Fukushima, als ein Tsunami die Kühlpumpen flutete und dadurch außer Kraft setzte, so dass der Reaktorkern schmolz, soll beim NuScales-Konzept konzeptionell ausgeschlossen sein. Der NuScales-Reaktor schaltet sich den Angaben zufolge selbst vollständig ab, ohne dass dazu eine Stromversorgung oder ein Eingriff von außen notwendig sind.

In den USA machte 2020 sogar ein Startup auf sich aufmerksam, das unter dem Projektnamen „Aurora“ kleine Atomreaktoren entwickelt, die mit Atommüll betrieben werden sollen. „Aurora“ ist gerade mal so groß wie ein Einfamilienhaus und soll Strom für bis zu 1.000 Haushalte liefern.[124] Zahlreiche weitere Entwicklungsansätze zur friedlichen Nutzung der Kernenergie stehen für die 2020er und 2030er Jahre bereit. Beispielhaft hierfür ist etwa die Firma Terrapower, mit der der Milliardär und Visionär Bill Gates Atomkraftwerke nach dem Prinzip der „schnellen Brüter“ auf den Markt bringen will.[125]

Die friedliche Nutzung der Kernenergie birgt das Versprechen, die Energieprobleme der Menschheit zu lösen. Ob dieser Durchbruch tatsächlich gelingt, bleibt ungewiss. Auf sehr lange

Sicht betrachtet scheint sogar die Etablierung eines Fusionskraftwerks im Weltraum nicht ausgeschlossen.

Fazit: Es wäre zu begrüßen, wenn die Menschheit die bei allen nationalen Alleingängen weitgehende Geschlossenheit, die sie bei der Bekämpfung der Pandemie an den Tag gelegt hat, danach beibehält, um die nächste Katastrophe – die Umwelt- und Klimakatastrophe – zu verhindern. Denn genau wie das Virus stellt das Umkippen unseres Planeten eine Bedrohung dar, die alle Menschen betrifft, alle Länder und alle Regierungen. Ein gemeinsames Handeln aller Regierungen wäre wohl die einzige Maßnahme, dieser nächsten Katastrophe entgegenzuwirken.

Ein erheblicher Druck dazu dürfte in den 2020er und 2030er Jahren von Finanzinvestoren und Großkonzernen kommen, die sich aus klimaschädlichen Investments zurückziehen und bei ihren Beteiligungen auf Klimaschutz drängen, um letztlich ihre eigenen Profite langfristig zu sichern. Man mag das Motiv nicht mögen, aber der geretteten Umwelt ist das egal.

Die politische Diskussion um die Kernenergie dürfte in den 2020ern und 2030ern neu aufflammen. Zu groß sind einerseits die Versprechungen der modernen Atomenergie, um sie links liegen zu lassen. Andererseits sind die Risiken unübersehbar groß, um nicht dagegen zu protestieren. So könnte die zivile Nutzung der Atomenergie als ein nächster großer politischer, wirtschaftlicher und gesellschaftlicher Streitpunkt an die Wand geschrieben sein.

Die Klimaaktivistin Greta Thunberg schrieb 2019 auf Facebook: „Atomkraft kann laut Weltklimarat IPCC ein kleiner Teil einer großen, neuen kohlenstofffreien Energielösung sein." So könnte sich die Atomenergie vom Teufelszeug zum Klimaretter wandeln.

Zwar herrscht unter Experten weitgehende Einigkeit, dass der Großteil des Stroms in Zukunft aus einem Mix aus Sonnen- und Windenergie, Biomasse und Wasserkraft kommen wird. Doch die Frage nach der Versorgungslage im Falle einer sogenannten „Dunkelflaute", also dem weitgehenden Ausfall von Wind- und Solarstrom, ist nach wie vor unbeantwortet. Die neue Generation kompakter Kernkraftwerke könnte als eine Art Backup-Stromversorgung zum Einsatz gelangen.

Das Ende der Erde

Mitte des Jahrhunderts wird die Zivilisation wie wir sie kennen ihr Ende finden. Diese im wahrsten Sinne des Wortes vernichtende Prognose macht zumindest das Breakthrough National Centre for Climate Restoration im australischen Melbourne. Die zivilisierten Gesellschaften rund um den Globus werden zerfallen, möglicherweise wird sogar die gesamte Menschheit ausgelöscht. Die Schuld daran trägt die Erderwärmung, so die Australier in einer Prognose aus dem Jahr 2019. Schon ein Jahr zuvor hatte eine Studie der amerikanischen Stanford University den Untergang der menschlichen Zivilisation in den nächsten Jahrzehnten als „nahezu gewiss“ eingestuft: „Das Bevölkerungswachstum im Verein mit dem überbordenden Pro-Kopf-Konsum treibt unsere Zivilisation über die Klippe.“ Möglicherweise könnte die Menschheit irgendwie überleben, aber fast alles, was sie in den letzten 2000 Jahren aufgebaut hat, ginge verloren. Laut Stanford beträgt die optimale Zahl der Erdenbewohner unter zwei Milliarden Menschen. Dieses Optimum ist längst weit überschritten.

Die Menschheit wächst und wächst und wächst

Das Bevölkerungswachstum auf der Erde ist atemberaubend. 1804 lebten erstmals mehr als eine Milliarde Menschen auf der Erde. 1927 waren es erstmals zwei Milliarden Menschen, 1959 schon drei Milliarden. 2011 bevölkerten bereits sieben Milliarden Menschen die Erde.

7.674.575.000 Menschen, also deutlich mehr als siebeneinhalb Milliarden, lebten zum 1. Januar 2019 auf der Erde nach Schätzungen der Deutschen Stiftung Weltbevölkerung (DSW). Das waren rund 83 Millionen Menschen mehr als ein Jahr zuvor. Anders ausgedrückt. Binnen eines Jahres war die Weltbevölkerung etwa um die Einwohnerzahl Deutschlands gewachsen. Jede Sekunde kommen laut DSW durchschnittlich 2,6 Erdenbürger hinzu – netto, also nach Abzug der Todesfälle.

Während wir in Europa mit dem Problem alternder Gesellschaften zu tun haben, ist die Bevölkerung weltweit im Durchschnitt recht jung: Mehr als ein Viertel der Weltbevölkerung ist nicht einmal 15 Jahre alt. 65 Prozent der Menschen sind zwischen 15 und 64 Jahre alt. Lediglich neun Prozent aller Menschen auf der Erde sind älter als 64. Das hat unmittelbare Auswirkungen auf das weitere Bevölkerungswachstum.

Die Verteilung auf der Erde erklärt die Deutsche Stiftung Weltbevölkerung anschaulich: Wenn die Welt ein Dorf mit 100 Einwohnern wäre, kämen 59 davon aus Asien, 17 aus Afrika, zehn aus Europa, acht aus Lateinamerika, fünf aus Nordamerika und einer aus Ozeanien. Doch das Dorf wird rasch größer und die Zusammensetzung der Herkunft ändert sich signifikant.

Prognosen zufolge werden schon im Jahr 2050 rund 9,8 Milliarden Menschen auf der Erde leben. Bis zum Jahr 2100 werden

11,2 Milliarden Menschen unseren Planeten bevölkern. Dabei ist übrigens bereits eine zunehmende Geburtenkontrolle einkalkuliert. Wüchse die Menschheit ungebremst, wären wir 2100 etwa 20 Milliarden Erdenbewohner.

Das stärkste Wachstum wird Afrika vorausgesagt: von 1,3 Milliarden 2020 auf rund 2,5 Milliarden Menschen im Jahr 2050. Das kommt beinahe einer Verdoppelung binnen 30 Jahre gleich. Als Hauptursache gelten ungewollte Schwangerschaften. Ein Viertel der Frauen in Afrika und anderen Entwicklungsländern auf der Welt könnte nicht verhüten, obwohl sie es wollten. Eine wesentliche Forderung ist die nach einer Gleichberechtigung für Frauen in diesen Gesellschaften, so dass sie bei der Familienplanung ein Wort mitzureden haben. Wenn die Frauen frei über den Kundenwunsch entscheiden könnten, würde die Bevölkerungszahl zum Ende des Jahrhunderts um 30 Prozent niedriger liegen als prognostiziert, schätzt der DSW.

Das australische National Centre for Climate Restoration zeichnete in einer Studie aus dem Jahr 2019 anhand neuester Klimadaten ein düsteres Bild der Zukunft. Demnach wird es durch die Erderwärmung zu Wasser- und Nahrungsmittelknappheit kommen, die „soziopolitische Instabilitäten wie ein Katalysator beschleunigen und so Konflikte auslösen.“ Ausgangspunkt war die Prognose, dass die Emissionen von Treibhausgasen 2030 ihren Höhepunkt erreichen werden. Bis dahin soll die globale Durchschnittstemperatur um 1,6 Grad Celsius zunehmen, was durch Rückkopplungen wie etwa das Tauen von Permafrostböden die Erwärmung weiter beschleunigen wird. Bis 2050 wird ein Anstieg von 2,4 Grad Celsius erwartet, also weit mehr als das im Pariser Klimaabkommen von 2015 festgelegte Ziel, die Erwärmung unter 2 Grad Celsius, möglichst sogar unter 1,5 Grad, zu halten. Infolgedessen steigt der Meeresspiegel nach Berechnungen der Australier um 0,5 Meter, bis 2100 sogar um zwei bis drei Meter. Weiter geht das National Centre for Climate Restoration davon aus, dass bis dahin 35 Prozent der globalen Landfläche und 55 Prozent der Weltbevölkerung mehr als 20 Tage im Jahr potenziell tödlicher Hitze ausgesetzt sind. In Südostasien, dem Nahen Osten, Teilen Südamerikas und Westafrika sind möglicherweise tödliche Hitzewellen an über 100 Tagen im Jahr zu erwarten. Die betroffenen Gebiete werden dadurch laut Prognose teilweise unbewohnbar. Auf mehr als 30 Prozent der Erdoberfläche würden Wüsten entstehen, darunter auch der Südwesten der USA. Schon 2019 kletterten die Temperaturen in Teilen Nordindiens auf über 47 Grad Celsius, in der indischen Wüstenstadt Churu waren es wiederholt über 50 Grad. Zwei Milliarden Menschen sind in dem Szenario des National Centre for Climate Restoration künftig von Wasserknappheit bedroht. Aus den Tropen müssen mehr als eine Milliarde Menschen umgesiedelt werden, was die Hilfskapazitäten selbst reicher Länder wie der USA und Europa übersteigen werden. Die australischen Forscher erwarten daher bewaffnete Kämpfe um Ressourcen, möglicherweise bis hin zum Atomkrieg.

Ein völlig überzogenes Weltuntergangsszenario? Im Gegenteil, heißt es in der Studie des National Centre for Climate Restoration, sei das Szenario „weit entfernt von einem Extrem“. Man kann nämlich die Rückkopplungseffekte durch die Erderwärmung nicht ausreichend abschätzen. Will heißen: Möglicherweise wird es noch viel heißer. Eventuell könnte die globale Erwärmung 2050 bis zu 4 Grad Celsius betragen - mit entsprechend verheerenden Folgen. In so einem Fall ist unser Planet „jenseits aller Anpassungsmöglichkeiten", meint die Weltbank. Im australischen Report aus dem Jahr 2019 heißt es nüchtern: „In den Szenarien am oberen Ende übersteigt das Ausmaß der Zerstörung die Kapazität unserer Modelle, daher die hohe Wahrscheinlich, dass die Zivilisation endet".

Die Regierungen rund um den Globus sind für klimabedingte Katastrophenfälle im größeren Ausmaß nicht gerüstet, warnt das National Centre for Climate Restoration. Die notwendigen Anstrengungen, um die künftigen Katastrophen zu bekämpfen, sind demnach vergleichbar mit der Mobilisierung der USA im Zweiten Weltkrieg. Wörtlich heißt es im 2019er-Report aus Australien: „Um das Risiko zu senken und die menschliche Zivilisation zu schützen, bedarf es im kommenden Jahrzehnt einer massiven Mobilisierung von Ressourcen".

Planetenforscher sinnieren über Klimawandel

Beim Klimawandel denken wir naturgemäß in erster Linie an unseren blauen Planeten. Aber ein Blick über den Tellerrand in die astronomische Forschung ist interessant, weil natürlich auch das Klima auf anderen Planeten einem steten Wandel unterliegt. Auf der Konferenz zur Planetenforschung 2019 in Genf trat dabei die Idee hervor, dass unsere Erde über ein „Anthropozän", also den menschengemachten Klimawandel, hinaus möglicherweise vor einem „Sapiezoic Eon" steht. Das wäre nicht nur eine neue erdgeschichtliche Epoche in der Größenordnung von zehntausenden oder gar hunderttausenden Jahren, sondern in ein neues geologisches Zeitalter, ein Äon, das nach Hunderten von Millionen Jahren gemessen wird. Die Planetenwissenschaftler verbinden damit die Frage, ob die Entwicklung von Intelligenz einen typischen Übergang in der planetaren Evolution, den sogenannten „Gaian Bottleneck" bildet. Der Begriff „Gaia" steht für die Sichtweise, Planeten nicht nur als Umgebungen, sondern selbst als Lebewesen zu betrachten. Vereinfacht gesagt ist es die Vorstellung, dass eine Spezies auf einem Planeten intelligent wird, auf der Erde die Menschheit, und sich danach wohl allmählich der gesamte Planet zu einer Intelligenz entwickelt - wenn es gut geht. Denn der Begriff „Gaian Bootleneck" soll ausdrücken, dass der Übergang als ein kritischer Flaschenhals zu betrachten ist. Es hat möglicherweise schon einen Grund, warum die Planetenwissenschaftler bislang noch keine Leben geschweige denn ein intelligentes Leben außer auf der Erde auffinden konnten.

Die Erde wird immer grüner

Satellitenaufnahmen der US-Raumfahrtbehörde NASA legten schon im Jahre 2019 nahe: Die Erde wird immer grüner. Verglichen mit Aufnahmen Mitte der 1990er Jahren sind seitdem riesigen Grünflächen entstanden. Das allein mag schon eine Überraschung darstellen, aber mindestens ebenso überraschend sind die Länder, denen wir die Begrünung der Erde zu verdanken haben: China und Indien. Die beiden bevölkerungsreichsten

Länder waren mit ihren ambitionierten Pflanzungsprogrammen offensichtlich erfolgreich. Nach einer immensen Waldvernichtung in den 1970er- und 1980er-Jahren haben sowohl China als auch Indien augenscheinlich verstanden, dass sie keine Perspektive haben, wenn sie ihre natürlichen Ressourcen nicht intakt halten. An dritter Stelle bei der Wiederaufforstung steht laut NASA-Aufnahmen übrigens die Europäische Union, gefolgt von Kanada, Russland, Australien und den USA. Diese Entwicklung lässt auf jeden Fall die Schlussfolgerung zu, dass die Menschheit sehr wohl in der Lage ist, bei drohenden Gefahren gegenzusteuern und damit auch signifikante Erfolge zu erzielen – wenn sie die Initiative ergreift.

Wie an vielen Stellen in diesem Buch dargelegt, genügt es nicht, ständig neue Warnungen auszusprechen, sondern es ist ein weltweit abgestimmtes Handeln angesagt. Mit Stand 2022 lässt sich feststellen, dass die dazu erforderliche Handlungsspirale in Gang gekommen ist. Ob Politik oder Wirtschaft – in weiten Teilen der Welt sind Maßnahmen zum Schutz der Umwelt gestartet worden. Allerdings lässt sich absehen, dass alle diese Maßnahmen zusammengenommen nicht ausreichen, die bislang gesetzten Ziele in Sachen Klimaschutz zu erreichen. Da hilft es auch nichts, wenn die Vereinten Nationen und andere Organisationen immer neue und ehrgeizigere Klimaziele ausrufen, wie ebenfalls an vielen Stellen in diesem Buch beschrieben. In der Gesellschaft ist der Schutz der natürlichen Ressourcen zwar als „generelles Ziel“ angekommen, aber die Diskrepanz zwischen der allgemeinen Forderung nach mehr Umweltschutz und dem eigenen persönlichen Handeln ist nach wie vor beachtlich. Insbesondere in den Industrienationen ist das Beharrungsvermögen groß: Kaum jemand scheint bereit, auf den eigenen Komfort zu verzichten oder sich auch nur wesentlich einzuschränken, um das Klima zu retten. Das macht die Angelegenheit für die Politik, die in der Regel zumindest auf einen gewissen gesellschaftlichen Konsens angewiesen ist, schwieriger. Umso größer wiegt die Verantwortung der Wirtschaft – und einiges deutet, wie im vorliegenden Buch beschrieben, darauf hin, dass sie sich dieser Verantwortung durchaus bewusst ist und sie ernst nimmt. Der in diesem Buch ausführlich beschriebene Umbruch zur Elektromobilität steht beispielhaft dafür, wie es der Wirtschaft gelingt, gegen den Widerstand in weiten Teilen der Bevölkerung, also ihre eigene Kundschaft, neue Wege zu gehen.

In der Politik sind ebenfalls Fortschritte zu verzeichnen. Es war ein langer Weg von der Warnschrift „Die Grenzen des Wachstums", den der Club of Rome 1972 vorlegte, über unzählige Ermahnungen durch die Vereinten Nationen bis zu den heutigen Regierungen, die mit konkreten Schritten zum Schutz der Umwelt begonnen haben. Alle dieser Maßnahmen zusammengenommen werden nach der festen Überzeugung der Autoren die Menschheit vor dem Untergang bewahren, zumindest für die nächsten Jahrtausende. Es bedeutet indes nicht, dass die anstehenden Klimaveränderungen leicht zu ertragen sein werden. Gleichgültig, welcher Anteil am Klimawandel vom Menschen verursacht und welcher der Natur zuzuschreiben ist, lässt sich kaum bestreiten, dass erstens der Raubbau an der Natur durch die Menschen atemberaubend ist und zweitens sich das Klima in einer Weise ändert, deren Folgen absehbar sind. Nichtstun stellt keine Option dar. Allerdings geht es nicht etwa darum, eine Art „Glaubenskrieg um das Klima“ zu führen, sondern mit rationalen Schritten Verbesserungen einzuleiten.

Der US-Wirtschaftsökonom Paul M. Romer gab anlässlich der Verleihung des Wirtschaftsnobelpreises an ihn im Jahr 2018 ein anschauliches Beispiel für den Pragmatismus, der gefragt ist. Er sagte: „Es ist für die Menschheit absolut möglich, weniger CO2 zu produzieren und trotzdem unseren Lebensstandard zu verbessern. Sobald wir damit anfangen würden, wären wir überrascht, wie einfach und wenig schmerzhaft es ist.“ Der Streit um das Verbot von FCKWs, also Fluorchlorkohlenwasserstoffen, die zur Entstehung des Ozonlochs beigetragen haben, sei das beste Beispiel: „Letztlich war das kein großes Ding.“[126]

In diesem Sinne stellt das vorliegende Buch in erster Linie ein Plädoyer für rationales Handeln dar. Es gilt, die vermeintliche „Glaubensfrage“ um das Klima zu überwinden, die natürlichen Ressourcen unserer Erde zu schonen und damit die Weichen zum Überleben der Menschheit zu stellen.

Über die Autorin

Hang Nguyen ist als Flüchtlingskind aus dem Vietnamkrieg nach Deutschland gekommen. Heute sagt sie über ihre Flucht: „Ich habe nur überlebt, weil sich wildfremde Menschen um mich gekümmert haben.“ Aus dieser Erfahrung hat sie den starken Wunsch entwickelt, anderen Menschen zu helfen, wie einst ihr geholfen wurde. Als Generalsekretärin des Diplomatic Council ist sie das Gesicht und das Herz der Organisation, in dessen Verlag das vorliegende Werk erschienen ist.

Hang Nguyen setzt ihre ganze Kraft, ihre Überzeugungskraft, ihre Seele, ihr Leben, dafür ein, die Menschheit zu retten, soweit es in ihrer Macht steht. Die Erhaltung der natürlichen Ressourcen unseres Planeten als Grundlage jedweden menschlichen Lebens hat für sie daher höchste Priorität.

Ihre Bücher haben bereits viele Menschen wachgerüttelt. Als ihr wichtigstes Werk gilt „How to avoid World War III“ (deutsche Ausgabe: „Der Dritte Weltkrieg – Das Undenkbare denken“). Ihr Buch „The Western Fiasco: Failure in Afghanistan, Syria and Ukraine” (deutsche Ausgabe: „Das Versagen des Westens in Afghanistan, Syrien und der Ukraine“) stellt die Großmächte unter Anklage für ihr seelenloses Prinzip der Stellvertreterkriege. Ihr Band „75 Jahre UNO – Macht und Ohnmacht der Vereinten Nationen“ ist zum Standardwerk über die Entwicklung der internationalen Staatengemeinschaft avanciert. Ebenfalls viel Beachtung fand ihr Blick in die Zukunft in dem

Buch „Die Dekade 2020-2030 – Das kommt auf uns zu". Ihr Werk „Die Rückkehr der Kernkraft – Warum Atomenergie unsere Zukunft ist" führt die im vorliegenden Buch angerissene Diskussion über die friedliche Nutzung der Kernenergie als einen möglichen Ausweg aus der Klimakrise weiter.

Et al. An diesem Werk haben zahlreiche namhafte Mitglieder der UNO-Denkfabrik Diplomatic Council mitgewirkt, vornehmlich durch politische, wissenschaftliche und gesellschaftliche Ratschläge, Kommentare und Korrekturen. Das vorliegende Buch stellt in diesem Sinne ein Gemeinschaftswerk dar.

Bücher im DC Verlag

Denken 4.0 – Welt im Umbruch. Was die klügsten Köpfe eines globalen Think Tank über unsere Zukunft denken. Buddhi K. Athauda, Thi Thai Hang Nguyen, Andreas Dripke, 332 Seiten, Hardcover, ISBN 978-3-947818-00-6

Mein Atomknopf ist größer – America vs. North Korea, Jamal Qaiser, 184 Seiten, Paperback, ISBN 978-3-947818-01-3

Stasi 2.0 – Wie wir durch den staatlich-industriellen Digitalkomplex zu gläsernen Bürgern werden und was das für unsere Zukunft bedeutet, 2. aktualisierte Auflage, Andreas Dripke, Markus Miksch, 444 Seiten, Paperback, ISBN 978-3-947818-05-1

Rechtsruck – Wie das Wiedererstarken des Nationalismus Deutschland in die Katastrophe führt, Anonyme Autoren, 660 Seiten, Paperback, ISBN 978-3-947818-06-8

Pandemie – Die Welt im Corona-Krieg, 2. aktualisierte Auflage. Andreas Dripke, Markus Miksch, 148 Seiten, Paperback, ISBN 978-3-947818-13-6

Covid-19 Falsche Pandemie – Die fatalen Fehler der WHO und ihre verhängnisvollen Folgen, Jamal Qaiser, Markus Miksch, 234 Seiten, Paperback, ISNB 978-3-947818-15-0

Corona und Impfen, Andreas Dripke et al., 188 Seiten, Paperback, ISBN 978-3-947818-18-1

Die Dekade 2020-2030 – Das kommt auf uns zu!, Andreas Dripke, Hang Nguyen, 362 Seiten, Paperback, ISBN 978-3-947818-17-4

75 Jahre UNO – Macht und Ohnmacht der Vereinten Nationen. Andreas Dripke, Hang Nguyen, 330 Seiten, Paperback, ISBN 978-3-947818-07-5

Hacker – Angriff auf unsere Computer-Zivilisation, Anonyme Autoren, 432 Seiten, ISBN 978-3-947818-23-5

2045 – Das Jahr, in dem die Künstliche Intelligenz schlauer wird als der Mensch, Dr. Horst Walther, Andreas Dripke, 104 Seiten, Paperback, ISBN 978-3-947818-57-0

Migration nach Europa – Wir schaffen das und die Folgen, Anonyme Autoren, 510 Seiten, Paperback, ISBN 978-3-947818-32-7

Auto – Vom Diesel-Desaster bis zum selbstfahrenden E-Auto, Autorengemeinschaft Diplomatic Council, 572 Seiten, Paperback, ISBN 978-3-947818-09-9

Digitale Disruption – Alles wird anders, Andreas Dripke et al., 216 Seiten, Paperback, ISBN 978-3-947818-34-1

Welt ohne Bargeld – Bitcoin und andere Kryptowährungen, Andreas Dripke, Stephanie Stoerk, 176 Seiten, Paperback, ISBN 978-3-947818-41-9

Die biometrische Vermessung der Menschheit, Andreas Dripke et al., 212 Seiten, Paperback, ISBN 978-3-947818-39-6

Apple Car – Wie der iKonzern das Auto neu erfindet, Andreas Dripke et al., 284 Seiten, Paperback, ISBN 978-3-94-7818-43-3

Der Wahn mit dem Datenschutz, Marc Ruberg et al., 136 Seiten, Paperback, ISBN 978-3-947818-51-8

Interim Manager berichten aus der Praxis: Automotive, Reihe „Von Interim Managern lernen", Jürgen Becker, Ulf Camehn, Ludek Cermak, Hanno Goffin, Ralf-Peter Hanrieder, Dr. Dr. Stefan Hohberger, Andreas Kälber, Dr. Gerhard Müller-Spanka, Frank P. Neuhaus, Christine Pfisterer, Christian Ritzer, Dr. Harald Schönfeld, Jane Enny van Lambalgen, 404 Seiten, ISBN 978-3-947818-29-7

Die Apple Agenda – Welche Märkte der iKonzern künftig revolutionieren wird, Andreas Dripke et al., 260 Seiten, Paperback, ISBN 978-3-947818-47-1

Hilfe, wir werden gechippt! – Vom Mikrochip unter der Haut bis zum Hirnschrittmacher, Andreas Dripke et al., 176 Seiten, Paperback, ISBN 978-3-947818-55 -6

Cyber War – Die digitale Bedrohung, Marc Ruberg et al., 244 Seiten, Paperback, ISBN 978-3-947818-45-7

Hilfe, wir werden gechippt! – Vom Mikrochip unter der Haut bis zum Hirnschrittmacher, Andreas Dripke et al., 176 Seiten, Paperback, ISBN 978-3-947818-55 -6

Denken 5.0 – Was die klügsten Köpfe eines globalen Think Tank über unsere Zukunft denken; Andreas Dripke, Claude Piel, Detlef Schmuck, Dr. Harald Schönfeld, Helmut von Siedmogrodzki, Stephanie Stoerk, Dr. Horst Walther; 292 Seiten, Paperback, ISBN 978-3-94-7818-36-5

Interim Manager berichten aus der Praxis: Maschinen- und Anlagenbau, Reihe „Von Interim Managern lernen“, Hrsg: Dr. Harald Schönfeld, Jürgen Becker, ca. 300 Seiten, ISBN 978-3-947818-75-4

Ewige Pandemie – Freiheit ade, Andreas Dripke, Markus Miksch, 204 Seiten, Paperback, ISBN 978-3-947818-59-4

Der digitale Euro – Computergeld statt Bares, Andreas Dripke, Stephanie Stoerk, 232 Seiten, Paperback, ISBN 978-3-947818-61-7

Europa am Scheideweg – Was Europa tun muss, um seine Zukunft zu retten, Andreas Dripke, Hang Nguyen, Dr. Horst Walther, Paperback, ISBN 978-3-947818-65-5

Der Dritte Weltkrieg – Das Undenkbare denken, Hang Nguyen, Jamal Qaiser, 268 Seiten, Paperback, ISBN 978-3-947818-67-9

Auto ohne Lenkrad – Das selbstfahrende Auto steht vor der Tür, Patrick Dripke, Thomas Gronenthal, 140 Seiten, Paperback, ISBN 978-3-947818-79-2

Irrfahrt E-Auto – Abgesang auf die deutsche Autoindustrie, Thomas Gronenthal et al., 212 Seiten, Paperback, ISBN 978-3-947818-81-5

Was nach dem Smartphone kommt – Ein Blick in unsere digitale Zukunft, Andreas Dripke, 152 Seiten, Paperback, ISBN 978-3-947818-69-3

China : USA – Wettkampf um die Weltspitze, Dr. Horst Walther et al., 216 Seiten, ISBN 978-3-947818-63-1

Metaverse – Was es ist, wie es funktioniert, wann es kommt, Andreas Dripke, Marc Ruberg, Detlef Schmuck, 256 Seiten, Paperback, ISBN 978-3-947818-87-7

Roboter in unserem Alltag – Maschinen (beinahe) wie Menschen, Andreas Dripke et al., 176 Seiten, Paperback, ISBN 978-3-947818-71-6

Das Diesel-Desaster – Die Geschichte des größten Industrie-Skandal Deutschlands, Thomas Gronenthal et al., 340 Seiten, Paperback, ISBN 978-3-947818-83-9

Alles über Krypto – NFT, Blockchain, Bitcoin & Co., Andreas Dripke, Stephanie Stoerk, 160 Seiten, Paperback, ISBN 978-3-98674-007-8

Die Rückkehr der Kernkraft – Warum Atomenergie unsere Zukunft ist, Andreas Dripke, Hang Nguyen, Marc Ruberg, 204 Seiten, Paperback, ISBN 978-3-947818-95-2

Digitale Identität – Unser Zwilling im Datennetz, Andreas Dripke et al. 164 Seiten, Paperback, ISBN 978-3-947818-53-2

Computer wie Götter – Die Rechenknechte übernehmen die Herrschaft, Andreas Dripke, Hang Nguyen, 148 Seiten, Paperback, ISBN 978-3-98674-005-4

Der Wahn mit der Bürokratie – Wie Bürokratismus unsere Gesellschaft zerstört, Andreas Dripke, Hubert Nowatzki, 260 Seiten, Paperback, ISBN 978-3-94-7818-89-1

Interim Manager berichten aus der Praxis: Business Transformation, Reihe „Von Interim Managern lernen", Hrsg: Dr. Harald Schönfeld, Jürgen Becker, ca. 360 Seiten, ISBN 978-3-98674-009-2

Über das Diplomatic Council

Das vorliegende Werk ist im Verlag des Diplomatic Council (DC) erschienen: DC Publishing.

Das Diplomatic Council verknüpft einen globalen Think Tank, ein weltweites Business Network und eine Charity Foundation in einer einzigartigen Organisation mit Beraterstatus bei den Vereinten Nationen.

Unsere Mitglieder vertreten die feste Überzeugung, dass Wirtschaftsdiplomatie ein tragendes Fundament für die internationale Völkerverständigung und den friedlichen Umgang der Nationen darstellt. Aus dieser Erkenntnis heraus überträgt das Diplomatic Council das Ziel der globalen Völkerverständigung in ein ökonomisches Mandat. Die Methodik eines weltweiten Wirtschaftsnetzwerkes wird hierzu mit der diplomatischen Kommunikationsebene der Staaten dieser Erde untereinander verknüpft. Vor diesem Hintergrund sind im Diplomatic Council Persönlichkeiten aus Diplomatie, Wirtschaft und Gesellschaft engagiert, die mit Augenmaß ausgewählt werden und die sich durch eine hohe Akzeptanz, eine hohe Kompetenz und ein mit den Grundpfeilern des Diplomatic Council übereinstimmendes Wertesystem auszeichnen. Ebenso sind Unternehmen willkommen, für die Corporate Social Responsibility weit mehr als ein Schlagwort ist.

Weitere Informationen: www.diplomatic-council.org/application

Quellenangaben und Anmerkungen

[1] https://www.tagesspiegel.de/kultur/brechts-die-massnahme-ausgeloescht-und-auferstanden/13425354.html
[2] https://www.welt.de/politik/article759237/Warum-ich-nicht-an-die-Klimakatastrophe-glaube.html
[3] https://www.geo.de/wissen/weltall/23644-rtkl-was-war-vor-dem-urknall
[4] https://www.planet-schule.de/mm/die-erde/Barrierefrei/pages/Die_Anfaenge_der_Erde.html
[5] https://www.planet-wissen.de/natur/forschung/entstehung_des_lebens/pwiedieentstehungdererde100.html
[6] https://www.faz.net/aktuell/wirtschaft/der-schlimmste-sommer-aller-zeiten-jahrtausendsommer-1540-15720067.html
[7] https://wiki.bildungsserver.de/klimawandel/index.php/Dürren_in_Europa
[8] https://www.spiegel.de/wissenschaft/natur/umweltschutz-was-wurde-aus-dem-waldsterben-a-1009580.html
[9] https://www.spiegel.de/politik/saeureregen-da-liegt-was-in-der-luft-a-9b3bc698-0002-0001-0000-000014347006?context=issue
[10] https://www.spiegel.de/politik/das-weltklima-geraet-aus-den-fugen-a-fa7f2e33-0002-0001-0000-000013519133
[11] https://www.welt.de/geschichte/article149168932/Der-Klimawandel-hat-Europa-schon-einmal-zerstoert.html
[12] https://idw-online.de/de/news197770
[13] https://www.welt.de/politik/article759237/Warum-ich-nicht-an-die-Klimakatastrophe-glaube.html
[14] https://www.spektrum.de/magazin/verhinderte-der-mensch-eine-eiszeit/836337
[15] https://en.wikipedia.org/wiki/Terraforming
[16] https://de.wikipedia.org/wiki/Kambrische_Explosion
[17] https://www.scinexx.de/news/geowissen/ausloeser-der-kambrischen-explosion-gefunden/
[18] https://www.welt.de/politik/article759237/Warum-ich-nicht-an-die-Klimakatastrophe-glaube.html
[19] https://www.ingenieur.de/technik/fachbereiche/raumfahrt/spacex-elon-musk-mars-landung/
[20] https://rp-online.de/panorama/wissen/klima/klima-klimaerwaermung-deutlich-schneller-als-gedacht-alarmstufe-rot_aid-62046939
[21] https://www.nature.com/articles/s41586-020-2189-9

[22] https://rp-online.de/panorama/wissen/klima/klima-klimaerwaermung-deutlich-schneller-als-gedacht-alarmstufe-rot_aid-62046939

[23] https://www.tagesschau.de/ausland/studie-treibhausgase-101.html

//www.spiegel.de/wissenschaft/natur/arktis-eis-am-nordpol-ist-2020-besonders-stark-zusammengeschrumpft-a-01d14a87-ecc0-464f-a6d7-b71900ecdf12

[25] https://www.spektrum.de/news/wenn-der-permafrostboden-taut/1671196

[26] https://www.spiegel.de/wissenschaft/natur/arktis-eis-am-nordpol-ist-2020-besonders-stark-zusammengeschrumpft-a-01d14a87-ecc0-464f-a6d7-b71900ecdf12

[27] https://www.tagesschau.de/ausland/asien/permafrostboden-jakutien-101.html

[28] https://www.travelbook.de/natur/umwelt/tor-zur-batagaika-krater-sibirien

[29] https://www.businessinsider.de/wissenschaft/gesundheit/klimawandel-eis-toedliche-krankheiten-virus-bakterien-sibirien-gletscher-anthrax-spanische-grippe-rentiere/

[30] https://www.nationalgeographic.com/environment/2019/05/ipbes-un-biodiversity-report-warns-one-million-species-at-risk/

[31] https://www.bfn.de/themen/biologische-vielfalt/uebereinkommen-ueber-die-biologische-vielfalt-cbd.html

[32] https://www.spiegel.de/politik/ausland/uno-generaldebatte-dutzende-laender-legen-versprechen-fuer-die-natur-ab-a-38b3c992-0d76-4d45-984d-ff2fa83c4769

[33] https://www.tagesschau.de/ausland/braende-mittelmeer-101.html

[34] https://www.spiegel.de/panorama/waldbraende-in-suedeuropa-feuer-erreicht-vorort-von-athen-a-1860bebb-99b7-4780-a7c8-c0723a63eb46

[35] https://www.spiegel.de/panorama/kanada-rekordhitze-fordert-menschenleben-a-f9596cd0-495b-4e72-b678-83d280d7c9a9

[36] https://www.n-tv.de/wissen/frageantwort/Wie-viel-Hitze-ueberlebt-ein-Mensch-article21112548.html

[37] https://www.nuernberger.de/ratgeber/gesundheit/wann-hitze-gefaehrlich/

[38] https://m.thieme.de/viamedici/vorklinik-faecher-physiologie-1509/a/grenzen-des-menschlichen-koerpers-30370.htm

[39] https://www.tagesschau.de/ausland/hitzerekord-103.html

[40] https://www.handelsblatt.com/politik/deutschland/klimawandel-bundesregierung-wappnet-sich-gegen-hitze-und-duerreperioden-in-deutschland/25823252.html?ticket=ST-3918397-MFINPnANgWBYJ7Hm2dCD-ap2

[41] https://www.rnd.de/panorama/fruhling-april-2021-konnte-der-kalteste-seit-20-jahren-werden-6HOEHZ3CDRC55JYEVPVPKUMCCY.html

[42] https://www.tagesspiegel.de/gesellschaft/panorama/hitzerekord-von-49-5-grad-und-486-tote-in-kanada-der-klimawandel-macht-das-unmoegliche-wahrscheinlich/27378420.html

[43] https://de.wikipedia.org/wiki/Hochwasser_in_West-_und_Mitteleuropa_2021#Rheinland-Pfalz

[44] https://www.nytimes.com/2021/07/16/world/europe/germany-floods-climate-change.html

[45] https://www.faz.net/aktuell/wirtschaft/klima-nachhaltigkeit/deutschland-verfehlt-klimaziele-ohne-weitere-anstrengungen-17592115.html?GEPC=s9
[46] https://www.nature.com/articles/s41558-021-01077-8
[47] https://www.giessener-allgemeine.de/panorama/mond-flut-ueberschwemmung-hochwasser-studie-nasa-gezeiten-klimawandel-meeresspiegel-noaa-klimakrise-zr-90878416.html
[48] https://www.nasa.gov/feature/jpl/study-projects-a-surge-in-coastal-flooding-starting-in-2030s
[49] https://www.geo.de/natur/oekologie/meeresspiegelanstieg---alle-wissenschaftler-untertreiben---30624306.html
[50] https://www.wwf.de/themen-projekte/meere-kuesten/plastik/unsere-ozeane-versinken-im-plastikmuell
[51] https://www.wwf.de/themen-projekte/meere-kuesten/plastik/unsere-ozeane-versinken-im-plastikmuell
[52] https://environmentassembly.unenvironment.org
[53] https://www.nature.com/articles/ncomms15611#author-information
[54] https://www.manager-magazin.de/politik/europa/plastik-eu-einig-ueber-verbot-von-einweg-plastik-a-1244490.html
[55] https://ourworldindata.org/plastic-pollution
[56] https://www.spiegel.de/wissenschaft/natur/uno-konferenz-in-nairobi-wo-kommt-das-ganze-plastik-im-ozean-her-a-1258024.html
[57] https://ourworldindata.org/plastic-pollution
[58] https://ourworldindata.org/faq-on-plastics
[59] https://www.spiegel.de/wirtschaft/uno-ziel-klimaschutz-bei-frachtern-kostet-eine-billion-dollar-a-690e5603-1318-433d-8c4a-edd6748526fc
[60] https://www.tagesschau.de/wirtschaft/unternehmen/maersk-gruener-antrieb-101.html
[61] https://www.wilmaa.com/programs/dok-1/1009449919
[62] https://www.cell.com/patterns/fulltext/S2666-3899(21)00188-4?_returnURL=https%3A%2F%2Flinkinghub.elsevier.com%2Fretrieve%2Fpii%2FS2666389921001884%3Fshowall%3Dtrue
[63] https://www.deutschlandfunknova.de/nachrichten/klima-berechnung-it-schadet-mehr-als-flugverkehr
[64] https://www.globalecho.org/84990/generation-greta-gebt-sofort-die-smartphones-ab/
[65] https://www.baubiologie-weis.de/blog/smartphones-2040-die-groessten-klimakiller
[66] https://www.heise.de/newsticker/meldung/Fuer-wieviel-CO2-Ausstoss-sind-Internetsuchen-verantwortlich-Update-196697.html
[67] https://www.spiegel.de/wirtschaft/klimaschuetzer-kritisieren-ungewollte-werbepost-verursacht-tausende-tonnen-co2-pro-jahr-a-1f424dd3-9e88-45b6-9267-35d6b6cccc63
[68] https://www.umweltbundesamt.de/no2-krankheitslasten

[69] https://pneumologie.de/fileadmin/user_upload/DGP_Luftschadstoffe_Positionspapier_20181127.pdf
https://pneumologie.de/fileadmin/user_upload/DGP_Luftschadstoffe_Positionspapier_20181127.pdf

[70] https://www.presseportal.de/pm/13399/3886490

[71] https://www.zdf.de/nachrichten/heute/batterien-die-schattenseiten-der-e-mobilitaet-100.html

[72] https://www.zdf.de/nachrichten/heute/batterien-die-schattenseiten-der-e-mobilitaet-100.html

[73] Artikel vom 27.12.2018 „Dem Wasserstoff gehört die Zukunft der Elektromobilität" bei NGIN Mobility

[74] https://www.tagesspiegel.de/themen/freie-universitaet-berlin/umweltverschmutzung-in-der-antike-wo-selbst-die-goetter-machtlos-waren/12437882.html

[75] https://www.tagesspiegel.de/themen/freie-universitaet-berlin/umweltverschmutzung-und-geschichte-der-himmel-ueber-london/26926212.html

[76] https://www.planet-wissen.de/natur/umwelt/umweltverschmutzung/pwieindustriellerevolutionundumweltverschmutzung100.html

[77] http://www.kreuzzug.de/kinderkreuzzug/kinderkreuzzug.php

[78] https://www.zdf.de/nachrichten/heute/blockadeaufruf-in-berlin-wer-steckt-hinter-extinction-rebellion-100.html

[79] https://www.bbc.co.uk/programmes/w3csy93l

[80] https://www.spiegel.de/wissenschaft/mensch/klimaschutz-beim-petersberger-dialog-staaten-wollen-klimarettung-und-corona-hilfen-koppeln-a-e923c622-f569-4c88-a1f6-cefea31f484a

[81] https://www.wochenblick.at/skurril-klima-greta-ist-jetzt-corona-expertin/

[82] https://amp-theguardian-com.cdn.ampproject.org/c/s/amp.theguardian.com/business/2020/apr/12/blackrock-eu-environmental-rules-for-banks

[83] https://www.spiegel.de/wirtschaft/unternehmen/allianz-otto-rossmann-69-unternehmen-fordern-mehr-klimaschutz-von-neuer-bundesregierung-a-e9057f47-472f-40d4-89e2-8d0cfc48fae3

[84] https://www.zeit.de/wirtschaft/2015-11/klimakonferenz-paris-fragen-antworten

[85] https://unfccc.int

[86] https://www.ipcc.ch

[87] https://unfccc.int/process-and-meetings/the-paris-agreement/the-paris-agreement

[88] http://www.spiegel.de/wissenschaft/natur/un-klimakonferenz-weltgemeinschaft-schafft-drehbuch-fuer-die-weltrettung-a-1243900.html

[89] https://www.dw.com/weltklimakonferenz-in-madrid-geht-fast-ergebnislos-zu-

ende/a-45925392
[90] https://www.spiegel.de/wissenschaft/mensch/un-klimakonferenz-wegen-corona-krise-auf-november-2021-verschoben-a-e53ff7e7-9644-456d-813a-34a69a56028
[91] https://www.tagesschau.de/ausland/europa/klimagipfel-auftakt-101.html
[92] https://www.unep.org/resources/emissions-gap-report-2021
[93] https://www.spiegel.de/ausland/g20-gipfel-biden-gibt-china-und-russland-schuld-fuer-vage-g20-klimabeschluesse-a-6774d46d-b175-4f89-8b0e-ccb2fbf0dd65
[94] https://www.spiegel.de/wissenschaft/natur/global-carbon-budget-report-co-emissionen-steigen-weltweit-wieder-an-a-d372a80d-1c36-4a7f-bca9-15f9a6de3325
[95] https://www.zeit.de/politik/ausland/2021-11/russland-un-klimakonferenz-wladimir-putin-fossile-brennstoffe
[96] https://www.derstandard.de/story/2000130807568/wo-die-staaten-beim-klimaschutz-stehen
[97] https://www.cbd.int/doc/legal/cbd-en.pdf
[98] https://zeitschrift-vereinte-nationen.de/fileadmin/publications/PDFs/Zeitschrift_VN/VN_2011/Heft_1_2011/07_2_Bericht_Maier_1-11_27-1-2011.pdf
[99] https://www.spiegel.de/wissenschaft/natur/uno-weltnaturschutzkonferenz-die-natur-stirbt-und-die-welt-schaut-weg-a-1241099.html
[100] https://www.msn.com/de-de/nachrichten/panorama/544-grad-in-kalifornien-gemessen-möglicherweise-hitze-weltrekord/ar-BB184fCB
[101] https://www.dw.com/de/china-stößt-mehr-co2-aus-als-alle-industriestaaten-zusammen/a-57455965
[102] https://www.faz.net/aktuell/wirtschaft/klima-nachhaltigkeit/co2-emissionen-rekord-anstieg-gefaehrdet-1-5-grad-ziel-17582300.html?GEPC=s9
[103] https://public.wmo.int/en/media/press-release/climate-change-triggers-mounting-food-insecurity-poverty-and-displacement-africa
[104] https://www.scinexx.de/news/geowissen/erstmals-regen-auf-groenlands-gipfel/
[105] https://towardsdatascience.com/bert-explained-state-of-the-art-language-model-for-nlp-f8b21a9b6270
[106] https://www.geo.de/reisen/reisewissen/venedig--meeresspiegelanstieg-um-mehr-als-1-meter-30709312.html
[107] Magazin *Der Spiegel* Nr. 21/1972 vom 14. Mai 1972
[108] https://link.springer.com/chapter/10.1007/978-3-662-09542-3_2
[109] https://www.psychologie.ch/gibt-es-den-zuschauereffekt
[110] https://www.zeit.de/thema/greta-thunberg
[111] https://ec.europa.eu/info/strategy/priorities-2019-2024/european-green-deal_de
[112] https://www.spiegel.de/wirtschaft/unternehmen/investoren-fordern-scharfen-klimaschutz-beim-wiederaufbau-der-wirtschaft-a-6a1f63d1-9651-4b67-8864-410e9fbecf44
[113] https://www.spiegel.de/auto/corona-bruessel-plant-die-verkehrsrevolution-a-216f834a-4b32-404b-b539-c87e12553ed
[114] https://www.spiegel.de/politik/ausland/joe-biden-stellt-plaene-gegen-klimakrise-

vor-wir-haben-keine-zeit-zu-verlieren-a-6871e3ba-75c0-4922-bd59-a3cd5b467eed

[115] https://www.spiegel.de/politik/ausland/joe-biden-stellt-plaene-gegen-klimakrise-vor-wir-haben-keine-zeit-zu-verlieren-a-6871e3ba-75c0-4922-bd59-a3cd5b467eed

[116] https://www.n-tv.de/politik/Biden-ruft-Alarmstufe-rot-aus-article22790459.html

[117] https://www.spiegel.de/panorama/de-blasio-zur-flutkatastrophe-in-new-york-der-groesste-weckruf-den-wir-bekommen-koennten-a-9e65b8c1-882b-4671-8e33-9c27dc94978f

[118] https://rp-online.de/panorama/wissen/klima/klima-klimaerwaermung-deutlich-schneller-als-gedacht-alarmstufe-rot_aid-62046939

[119] https://www.focus.de/auto/elektroauto/power-auch-fuer-elektroautos-sechsmal-heisser-als-die-sonne-loest-chinas-fusions-reaktor-unser-stromproblem_id_12681091.html

[120] https://www.zeit.de/wissen/umwelt/2013-10/atomkraft-risiken-bill-gates/komplettansicht

[121] https://www.tagesspiegel.de/wissen/pro-und-contra-der-atomenergie-brauchen-wir-kernkraft-gegen-die-klimakrise/25389314.html

[122] https://www.sbfi.admin.ch/sbfi/de/home/themen/internationale-forschungs--und-innovationszusammenarbeit/beteiligung-der-schweiz-an-internationalen-forschungsorganisatio/iter.html

[123] https://taz.de/Energie-durch-Kernfusion/!5707537/

[124] https://www.deutschlandfunknova.de/beitrag/small-modular-reactors-kleine-atomkraftwerke-sollen-jetzt-am-fliessband-produziert-werden

[125] https://www.tagesschau.de/ausland/atomreaktor-entwicklung-usa-101.html

[126] https://www.welt.de/wirtschaft/article181809698/William-Nordhaus-Wirtschaftsnobelpreis-fuer-Umweltoekonom.html